한국 사회에는 오랜 무속 신앙의 영향으로 인해 기도에 대한 오해가 뿌리 깊게 자리하고 있다. 소위 "지성이면 감천이다"라는 식으로 기도를 이해하고, 기도의 내용과 상관없이 얼마나 열정적으로 끈질기게 기도하는가를 기도의 최우선 가치로 여기는 것이다. 하지만 기도는 내 뜻을 관철시키는 것이 아닌 인격이신 사랑의 하나님을 만나는 것이며, 우리를 조성하고 우리를 아시는 하나님을 더 알아가는 과정이다. 저자는 이 책에서 이 부분을 정확히 지적한다. 기도하라고 권면하거나 촉구하지 않고, 오히려 우리를 하나님에게 집중하게 만든다. 저자가 말하는 기도는 우리의 관심을 하나님께로 돌리고 인격이신 하나님의 뜻을 알아가는 과정이다. 이 책을 통해 기도의 진정한 의미를 다시금 회복하기를 기대하며 일독을 권한다.

송태근 삼일교회 담임목사, 『쾌도난마』 성경강해 시리즈 저자

기도에 관해 쓴 수많은 책에 또 하나의 책이 더 필요할까? 적어도 이 책은 기도에 관한 대부분의 책들과 선명하게 구분되는 한 가지 특징을 가진다. 기도하라는 권면 대신 기도에 관한 설명을 준다는 점에서. 정상적인 목회자가 그렇듯이, 저자는 독자들에게 기도의 부담이나 죄책감을 지우려고 하는 대신 기도에 관해 자유함을 주고 싶어한다. 칼빈이 회개를 율법적 회개와 복음적 회개로 구분한 것을 기도에 적용한다면, 저자는 율법적 기도가 아닌 복음적 기도가 무엇인지를 잘 보여 준다. 이 책을 통해 공로와 자기의로 인도하는 율법적 기도가 아니라, 복음 안에서의 겸손과 기쁨으로 이끄는 복음적 기도를 한국 교회의 더 많은 성도들이 배우고 경험하면 좋겠다. 그래서 이 책을 추천한다.

김형익 벧샬롬교회 담임목사, 『우리가 하나님을 오해했다』 저자

기도는 하나의 기술이 아니라 하나님과 나누는 특별한 종류의 관계다. 저자는 그 관계의 근본적 요소—하나님이 누구시며 우리는 누구인지—를 성경을 토대로 자세히 설명함으로써 독자들이 기도를 이해하고 직접 기도할 힘을 얻도록 돕는다.

팀 켈러 리디머 장로교회 담임목사, 『팀 켈러의 기도』, 『센터처치』 저자

기도에 관한 책은 많으나 기도에 관한 좋은 책은 드물다. 이 책은 매우 성경적이며 이해하기 쉬운 틀로 기도에 대해 설명하고 있다. 간략하면서도 명쾌하게 주제를 잘 잡아내고 있다.

알리스터 베그 파크사이드교회 목사, 『하나님의 기쁨을 위해 창조된 사람』 저자

삼위일체이신 하나님의 속성으로부터 기도라는 주제를 길어냄으로써, 기도와 관련해 지나치게 경험 중심으로 나아가려는 우리의 편향성을 잘 붙잡아 주고 있다. 감정이 아닌, 하나님의 자녀 됨이 당신이 기도하는 이유가 되게 하라.

폴 E. 밀러 seeJesus 대표, 『일상 기도』, 『우리 사이를 거닐던 사랑』 저자

기도에 관한 이전의 빼다박은 권면들은 독자의 죄책감만 불러올 뿐이었다. 이 책은 우리가 기도하는 이유가 얼마나 대단한 특권인지를 알려준다. 놀랍도록 새로우며 성경적인데다 기도할 의욕을 불어넣는 실제적인 책이다.

데이비드 잭맨 Proclamation Trust 전 대표, 『티칭 이사야』 저자

기도에 관한 신선한 가르침을 전하기란 결코 쉬운 일도, 일상적이지도 않다. 그 일을 필립 박사가 지금 하고 있다. 기도라는 거대한 담론에 매우 능숙하게 답변하면서도 우리의 생각과 삶을 풍성하게 해준다.

딕 루카스 영국 세인트헬렌스교회 원로 목사, Proclamation Trust 설립자

이 책을 읽으면서 내 기도를 다시 한번 돌아보게 되었다. 기도의 핵심은 하나님께 '그저 말하는 것'이 아니라, 하나님이 말씀하는 하나님이시므로 내가 기도한다는 사실을 '아는 것'이다.

캐런 로리츠 저자, 강연자, 블로그 MomLife Today 운영자

필립 박사는 기도에 관한 대단한 영적 비결을 다루지도, 따분한 이론을 제시하지도 않는다. 강력하고도 예리한 주해를 통해 우리 모두를 빚진 자로 만들어 버린다. 앉은 자리에서 단번에 읽을 수 있을 만큼 쉬울 뿐만 아니라 도전과 격려를 함께 안겨 준다.

밥 파이올 스코틀랜드 콘힐 트레이닝 코스 수석 강사

이 책에 담긴 핵심 주제가 내 마음을 끌어당겼다. 하나님에 관해 배울 때 기도에 관해 가장 많이 배운다는 사실 말이다. 하나님은 말씀하신다―나는 하나님께 귀기울이는가? 하나님은 아들을 보내셨다―나는 그분께 응답하고 있는가? 하나님은 주권자이시다―나는 그분을 신뢰하며 그분의 생각을 따르는가? 하나님은 그분의 영을 보내셨다―나는 성령의 도우심으로 기도할 힘을 얻고 있는가? 이러한 성경의 진리들을 나의 것으로 삼을 때 나의 기도 생활이 되살아날 것이다.

리코 타이스 복음전도자, 『Christianity Explored』 저자

이 책은 기도에 관한 또하나의 매뉴얼이 아니다. 필립은 우리를 기도의 근본이 있는 곳으로 곧장 데리고 들어간다. "왜" 기도하는가를 설명하면서, 우리가 "무엇을" 기도하고 "어떻게" 기도하는가도 함께 알려 준다.

데일 랄프 데이비스 리폼드신학교 구약학 교수, 포커스온더바이블 주석 저자

왜 기도하는가?

Why We Pray
by William Philip

{ 손 안의 신학 1 }

왜 기도하는가?

윌리엄 필립 지음 | 김애정 옮김

좋은씨앗

왜 기도하는가?

초판 1쇄 인쇄 | 2017년 4월 17일
초판 1쇄 발행 | 2017년 4월 21일

지은이 | 윌리엄 필립
옮긴이 | 김애정
펴낸이 | 신은철
펴낸곳 | 좋은씨앗
출판등록 제4-385호.(1999. 12. 21)
주소 | (06753) 서울시 서초구 바우뫼로 156(양재동, 엠제이빌딩) 402호
주문전화 | (02) 2057-3041 주문팩스 | (02) 2057-3042
페이스북 | www.facebook/goodseedbook
이메일 | good-seed21@hanmail.net

ISBN 978-89-5874-279-1 04230

Why We Pray
Copyright ⓒ 2015 by William J. U. Philip

Published by Crossway, a publishing ministry of Good News Publishers
Wheaton, Illinois 60187, U.S.A.

Published by arrangement with Crossway through rMaeng2, Seoul, Republic of Korea.
This Korean translation edition ⓒ 2017 by GoodSeed Publishing Inc., Seoul, Republic of Korea.
All rights reserved.

이 한국어판의 저작권은 알맹2 에이전시를 통해 Crossway와 독점 계약한 도서출판 좋은씨앗에 있습니다.
신저작권법에 의하여 한국 내에서 보호를 받는 저작물이므로 무단전재 및 복제를 금합니다.

차례

9
/
추천 서문

18
/
들어가는 글

22
/
1. 하나님이 말씀하시는 분이기 때문에 우리는 기도한다

52
/
2. 하나님의 자녀이기 때문에 우리는 기도한다

82
/
3. 하나님이 주권자이시기 때문에 우리는 기도한다

116
/
4. 하나님의 성령이 계시기 때문에 우리는 기도한다

147
/
미주, 색인

추천 서문

예수님의 승천과 성령 강림 사이의 의미심장한 태동기에 예루살렘에서 한 기도 모임이 열렸다. 예수님이 제자들에게 땅 끝까지 복음을 전하라고 명하시면서 그와 함께 성령을 약속하셨고 제자들은 이를 기다리던 때였다. 누가는 열한 제자들이 다락방에 함께 모인 일을 적고 있다. "여자들과 예수의 어머니 마리아와 예수의 아우들과 더불어 마음을 같이하여 오로지 기도에 힘쓰더라"(행 1:14). "오로지 기도에 힘쓰더라." 기도 속에서 교회가 탄생했고, 뒤이은 말씀의 흥왕과 교회의 부흥 역시 그들의 기도와 떼어 놓고 설명할 수 없다고 하면 지나친 말일까?

예수님은 제자들이 당신을 떠나서는 아무것도 할 수 없다고 그들에게 분명히 밝히셨다(요 15:5). 또한 사람도 자기 자녀에게 좋은 것을 줄 줄 아는데 하물며 하늘 아버지께서 구하는 이들에게 좋은 것을 주시지 않겠느냐고 가르치셨다(마 7:11, 눅 11:13). 그래서인지 사도행전 곳곳에서 우리는 기도하는 교회의 모습을 찾아볼 수 있다.

제자들은 가룟 유다의 자리를 대신할 사람을 찾으며 기도했다(행 1:24). 베드로와 요한은 반대와 위협에 부딪혔을 때, 자신들이 "담대히 하나님의 말씀을 전하게" 해달라고 한 목소리로 주께 기도했다(행 4:29). 교회가 커지면서 현실적인 요구들이 생겨나 불화의 원인이 되었을 때조차, 사도들은 자신들이 "오로지 기도하는 일과 말씀 사역에 힘쓰"도록 어떤 방해도 받지 않아야 한다고 못박았다(행 6:4).

간절하고 하나 된 믿음의 기도는 초대 교회의 탄생 초기뿐 아니라 이후로도 계속 이어진다. 야고보를 죽인 헤롯이 다음 박해 대상으로 베드로를 지목하는 듯 보였을 때, "교회는 그를 위하여 간절히 하나님께 기도"했다(행 12:5). 바나바와 사울의 파송은 예배와 기도를 중심으로 이루어졌다(행 13:3).

데릭 토마스는 다음과 같이 진술한다. "신약 교회는 만물의 마지막을 정하신 하나님께서 또한 만물의 마지막을 성취하는

'수단'도 정하셨다는 본질적인 진리를 이해하고 있었다."[1]

초대 교회가 이렇듯 모든 일마다 기도로 시작하고 기도에 매진할 수 있었던 한 가지 이유는, 제자들이 주 예수님과 함께 지내는 동안 그분에게 배운 것이기 때문이다. 복음서를 읽어 보면 기도가 예수님의 삶에서 하나의 거룩한 습관으로 자리잡고 있음을 알 수 있다. 가버나움에서 각종 병이 든 많은 사람을 고치시고 많은 귀신을 내쫓으시면서 한껏 고조되었던 밤 시간이 지난 후에, 예수님이 어디 계셨는가? 예수님은 제자들이 예상하던 곳에 계시지 않았다. "새벽 아직도 밝기 전에…일어나 나가 한적한 곳으로 가사 거기서 기도하"셨다(막 1:35). 예수님은 열두 제자들을 부르시기 전에도 "기도하시러 산으로 가사 밤이 새도록 하나님께 기도하"셨다(눅 6:12).

십자가의 죽음이라는 암울한 현실과 마주하셨을 때 예수님은 제자들을 이끌고 감람산에 올라가, "그들을 떠나 돌 던질 만큼 가서 무릎을 꿇고 기도하"(눅 22:41)셨다. 그렇게 기도하시던 예수님의 모습을 보고 제자들 중 하나가 어떻게 기도해야 할지 가르쳐 달라고 청한 것은 어찌보면 당연한 일이다(눅 11:1). 추측컨대 어떤 상황에서도 기도하기를 쉬지 않으셨던 예수님의 모습을 가장 가까이에서 지켜보았던 제자로서는 참된 기도의 비밀을 배우고 싶은 마음이 간절했을 것이다.

주님께 기도를 가르쳐 달라고 청했던 그 제자가 고마울 수밖에 없는 이유는, 참된 기도의 비밀은 분명 우리 자신의 정체성을 찾는 일에도 매우 유익하기 때문이다. 그리스도인인 우리의 삶에서 기도만큼 중요한 것은 없다. 하지만 우리가 예수님처럼 그렇게 쉬지 않고 기도하기란 너무 힘든 일인 것도 부인할 수 없는 사실이다. 예수님은 공허하게 중언부언하는 것을 경고하시면서(마 6:7) 당신을 따르는 사람들에게 기준이 될 만한 기도를 가르쳐 주셨다. 여기에 쓰인 대명사가 모두 복수형이고 공적으로 드리는 예배에 좀 더 적합하다 하더라도, 그 기도를 개인적으로 사용하는 데는 문제가 없다. 우리는 그 기도를 늘상 '주기도문'(Lord's Prayer)이라고 부르지만, 실은 '제자기도문'(Disciple's Prayer)이라고 부르는 편이 좀 더 맞을 것 같다. 예수님께서 당신을 따르는 사람들이 하늘 아버지께 나아갈 때 사용하라고 그 기도를 주셨기 때문이다.

웨스트민스터 소요리 문답의 100번째 질문은 이렇게 묻는다. "주기도문의 서문이 우리에게 교훈하는 것은 무엇입니까?" 그리고 이렇게 대답한다. "주기도문의 서문 곧 '하늘에 계신 우리 아버지여'는 자녀가 아버지에게 나아가듯, 언제라도 도우실 수 있고 기꺼이 그럴 준비가 되어 있는 하나님께 우리가 거룩한 공경심과 확신을 품고 가까이 나아갈 것과, 우리가 다른 사람들과 함께 또한 그들을 위하여 기도할 것을 가르칩니다."

이 기도를 드릴 때마다 우리는 예수 그리스도를 통한 하나님과 우리 사이의 교제가 기도 '안에서' 이루어진다는 사실을 깨닫는다. 우리가 하나님을 '아버지'라고 부를 수 있는 특권은 그분의 은혜에 기인한다. "곧 창세 전에 그리스도 안에서 우리를 택하사 우리로 사랑 안에서 그 앞에 거룩하고 흠이 없게 하시려고 그 기쁘신 뜻대로 우리를 예정하사 예수 그리스도로 말미암아 자기의 아들들이 되게 하셨"기 때문이다(엡 1:4-5). 만물이 그분으로부터 나왔다는 점에서, 하나님이 '모든 피조물'의 아버지가 되시는 것은 맞지만, 이 기도는 모두를 위한 것이 아니다. 오직 구속으로 말미암아 그분의 소유가 된 사람들, 즉 아들의 영을 받아 "아빠 아버지"라고 부를 수 있는 사람들을 위한 것이다. 그리스도를 믿을 때 우리는 하나님의 자녀가 되는 권세를 얻는다. 은혜로 말미암아 우리는 자연적으로는 결코 가능하지 않은 한 가족으로 받아들여진다.

그럼에도 마르틴 루터는 이 기도를 가리켜 "이 땅의 최대 순교자"라고 말한 적이 있다. 사람들이 아무 생각이나 감정 없이, 일말의 경외심이나 신뢰 없이 이 기도를 너무 빈번히 사용해 왔기 때문이다. 이 책에서 필립 박사는 주기도문뿐만 아니라 다른 모든 기도를 드릴 때, 이런 불행한 일이 우리에게는 해당하지 않는 일이 되도록 돕는다. 지혜로운 멘토로서 그는 다음과 같이 밝힌다.

> 그리스도인에게 기도는 하나님이 계심을 믿느냐에 관련된 일이다. 그리고 기도는 하나님을 믿는 자들에게 그분이 응답하심을 믿느냐에 관련된 일이다. 그렇다면 기도는 때와 기한을 따르는, 특별한 행사 혹은 으레 하는 행사가 아니라 하나의 삶이 된다. 기도는 삶의 가장 중요한 부분이며 우리 삶의 초점을 다시금 새롭게 맞추는 일이다. 기도하면서 우리는 하나님과 그분의 방식, 그분의 행하심, 그분의 말씀에 관심을 갖

게 되며, 어쩌면 이전에 동의하고 싶지 않았던 수많은 일들에서 하나님의 마음이 어디 있는지 찾게 된다. 그러는 가운데 이기심 대신 우리 안에 의식적으로 자리하는 겸손은 우리가 경험하는 순전한 기쁨이 될 것이다.

존 번연은 불법적으로 성경을 가르쳤다는 죄목으로 12년의 감옥 생활을 하는 동안 자신이 바로 그러한 기쁨을 경험했다고 증거했다. 하나님과 교제하는 가운데 그는 그의 문학작품과 신학서 대부분을 집필했다. 거기에는 1662년에 쓴 『마음을 움직이는 기도』(A Discourse Touching Prayer)도 포함된다. 이 책에서 그는 다음과 같이 기도를 놀랍게 정의한다.

> 기도는 하나님께 마음 혹은 심령을 진지하게, 민감하게, 다정하게 쏟아내는 것이다. 그 일은 그리스도를 통해, 성령의 능력과 도우심 가운데 이루어진다. 이는 하나님께서 약속하신 바 또는 그분의 말씀을 따르는 일이요, 하나님의 뜻에 믿음으로 순종하는 일이며, 교회의 유익을 위한 일이다.

온 마음을 다해 쏟아 내는 믿음의 기도를 알고 있는가? 나지막한 음성으로 조용히 기도하시던 부모님의 모습을 나는 지금도 또렷이 기억한다. 어느 밤 내가 이미 잠들었다고 생각한 부모님이 조용히 내 방에 들어와 침대맡에서 나를 위해 기도하고 계셨다. 간절하게 드리는 믿음의 기도가 있다는 걸 처음 알게 된 때이다.

어릴 적 우리 교회 예배당 한 곳에 깔려 있던 매트가 어떤 용도로 쓰이는지 한동안 궁금했었다. 한참이 지나서야 알게 되었는데, 금요일 밤에 교인들이 무릎을 꿇고 기도할 때 사용하고 있었다. 그렇게 기도하던 분들이라면, 분명 하나님이 응답하신다는 확신과 믿음이 있었을 것이다.

그런 믿음의 기도가 있는 반면, 나는 우리가 기도로 하나님 앞에 나아갈 때 부닥칠 수 있는 다양한 장애물이 있음도 배웠다. 그럴 때마다 다음의 기도 어록들이 마음을 다잡는 데 도움이 되었다.

- 기도가 메말라 있다면, 그것은 기도를 부수적인 것이요 근본적이지 않은 것으로 여겼기 때문이다.

- 기도하면 기도 이상의 일을 할 수 있지만, 기도하지 않는 한 아무것도 할 수 없다.
- 우리는 사역을 위해 기도하지 않는다. 기도가 사역이고, 설교는 그 결과물을 모아 놓은 것이다.
- 하나님은 주실 마음이 없다는 이유로 우리의 기도 듣는 일을 미루지 않으신다. 되려 우리의 소원을 크게 하심으로 더 많은 것을 우리에게 통 크게 주신다.

그러니 우리 각자가 "기도를 계속하고 기도에 감사함으로 깨어 있[도록]"(골 4:2) 이 책에서 격려받기를 나는 기도한다.

알리스터 베그

파크사이드교회, 샤그린 폴스, 오하이오

들어가는 글

목사인 나는 기도에 관한 설교를 시리즈로 해야겠다는 생각을 자주 했었다. 하지만 그 일을 항상 미루어 왔음을 고백해야겠다. 내가 들었던 기도에 관한 너무나 많은 설교들에 상당히 좌절했기 때문이다.

어떤 위대한 설교자는 매일 새벽 네 시 정각에 일어나 아침식사 전까지 다섯 시간 동안 기도했다더라, 당신도 그렇게 할 수 있다면 그것이야말로 인생에 영적인 축복을 가득 채우는 비결이 되지 않겠느냐며 누군가 뜨겁게 전하는 얘기를 들어 보았을 것이다. 미안한 말이지만, 나는 그런 얘기를 들을 때면 정말이지 주눅이 든다. 기도 시간을 갖든 안 갖든 간에, 내가 아침식사 전에 어떻게든 침대에서 빠져 나올 수 있기만 해도 참 대단한 일임을 나 스스로 잘 알고 있다. 그러니 그런 종류의 경건한 권면을 들어보았자, 글쎄, 지레 기도를 포기하고 싶은 마음만 들 뿐이다. 분명 기도를 쉬지 말고 포기하지 말라는 순수한 의도로 한 권면일 텐데 말이다.

어쩌면 내가 유난히 삐딱한 건지 모르겠지만, 어쨌든 그런 식의 설교가 내게 미친 결과는 그렇다. 그리고 많은 그리스도인들이 나와 비슷한 경험을 갖고 있다 한들 놀랄 일이 아니다.

그런데 얼마 전, 어떻게 하면 기도와 관련해 나의 그리스도인 형제자매들을 기죽이고 낙담시키기보다는 격려할 수 있을까 생각하던 차에 한 책을 읽게 되었다. 내가 지금까지 읽어본 기도에 관한 책 중 그 어느 것보다 도움이 되었다. 가볍게 술술 읽을 수 있는 책은 아니었다. 그것은 신경세포를 깨우고 두뇌를 자극하기에 충분한, 기도에 관한 실제적인 성경 신학서였다.[2] 내가 그 책을 아주 유용하다고 생각한 이유는 성경 전체가 기도에 관해 가르치는 바를 고찰하고 있기 때문이다. 그 책을 통해 나는 중요한 사실 하나를 깨달았다. "우리가 단지 하나님에 대해 배우는 것만으로도 기도에 관해 가장 많은 걸 배울 수 있다는 점이다." 그것은 명심해야 할 놀라운 사실이다.

하나님에 관한 참 진리는 결코 사람을 낙심케 하지 않기 때문이다. 지극히 선한 의도를 가지고 있으나 열성이 지나친 일부 그리스도인들이 자주 그러하듯 주님은 결코 당신을 기죽게 만드시는 분이 아니다.

그래서 기도에 관한 그 책을 읽은 후—실제로도 그 책은 하나님을 아는 지식에 관한 내용을 담고 있었다—나는 난생 처음으로 정말이지 기도에 관한 설교가 하고 싶어졌다. 기죽지 않고 설교를 준비할 수 있겠다, 어쩌면 나도 기죽지 않고 다른 사람들도 낙담케 하지 않으며 설교를 할 수 있겠다 싶었기 때문이다. (설교자가 하나님의 사람들을 기죽이고 낙담케 하는 것보다 더 중대한 범죄는 분명 없다.) 가장 기본적인 질문, 즉 "왜 기도하는가?"를 물으며 회중들로 하여금 하나님 그분에게 집중하게 했을 때, 우리가 주님과의 관계에서 한없는 격려를 받고, 그 관계를 고유하게 반영하는 기도를 통해 진실로 도움받을 수 있음을 알게 되었다.

아직 진리를 탐구하고 있는 사람뿐만 아니라 모든 연령과 계층의 그리스도인으로 이루어진 교회 공동체에도 기도에 관한 이러한 연구들은 얼마나 복된 일인지 모른다. 이 책을 읽으면서 기도의 필요성에 대해 단지 간절히 또는 열심히 기도하라는 식의 '권면'을 받기보다는 성경이 기도에 관해 '설명'하는 바를 찾을 수 있기를, 그리하여 기도에 관해 자유함을 얻을 수 있기를 소망하며 그 결과물을 여기 내놓는다.

태초에 하나님이 천지를 창조하시니라

땅이 혼돈하고 공허하며 흑암이 깊음 위에 있고

하나님의 영은 수면 위에 운행하시니라

하나님이 이르시되…

창세기 1:1-3

1
하나님이 말씀하시는 분이기 때문에 우리는 기도한다

기도에 관해 무엇보다 먼저 묻는 가장 중요한 질문은 '왜?'이다. "왜 기도해야(should) 하는가?"가 아니다. "왜(why) 기도하는가?" 우리는 권면이 아닌 설명으로 시작하겠다. 이를테면 기도는 대체 왜 존재하는가를 설명하려고 한다. 기도는 하나님께 말하는 것이다. 그런데 잠시 생각해 보자. 왜 하나님께 말하는 것과 같은 무언가가 있어야 하는 걸까? 왜 하나님은 우리가 그분에게 말하기를 원하시는가? 만물을 제어하시는 전능한 하나님이신데, 우리가 그분에게 무언가를 말해야 할 필요가 굳이 있는가? 단지 하나님이 계시다는 이유로 그분에게 말해야 할 필요가 생기는가? 우리나라(영국)에 여왕이 살고 있지만 나는 여왕을 찾아가 그분에게 말하지 않는다. 당신도 나와 다르지 않다면 대개는 그럴 거라고 생각한다. 그런데 왜 우리는 단지 하나님이 전능한 분이고 통치자이며 주가 되신다는 이유로 그분에게 말해야 하는가?

가장 기초적이고 근본적인 수준에서 말하자면, 우리는 하나님이 '말씀하시는 분'이기 때문에 기도한다. 기도는 하나님이 누구시고 어떤 분이신지에 기인한다. 그리고 맨처음 언급할 수 있는, 성경에 나오는 하나님의 위대한 모습, 즉 우리가 믿는 기독교의 하나님은 그분이 말씀하시는 하나님이라는 데 있다. 그 점은 성경의 첫 번째 장에서 금세 알 수 있다.

하나님은 모든 피조물에게 있으라고 말씀하셨다

창조는 다음과 같이 말씀하시는 하나님의 음성으로 시작되었다. "하나님이 이르시되 빛이 있으라 하시니 빛이 있었고"(창 1:3). 그렇게 창조 이야기는 계속된다. "하나님이 이르시되"가 전체 장에서 반복된다. 그런 다음 다음과 같은 대단히 중요한 말씀에 이른다.

> 하나님이 이르시되 우리의 형상을 따라 우리의 모양대로 우리가 사람을 만들고 그들로 바다의 물고기와 하늘의 새와 가축과 온 땅과 땅에 기는 모든 것을 다스리게 하자 하시고 하나님이 자기 형상 곧 하나님의 형상대로 사람을 창조하시되 남자와 여자를 창조하시고(창 1:26-27).

가장 먼저 생각해 봐야 할 점이 여기에 있다. 성경의 문을 여는 첫 장 곳곳에서, 하나님이 피조물들에게 있으라 말씀하신 그대로 창조가 일어난다. 하나님은 분명 생각만으로도 세상을 창조하실 수 있음에도 불구하고 그리하지 않으셨다. 마술봉을 흔든 다음 모자에서 세상을 꺼내지도 않으셨다. 성경에 따르면 하나님은 세상을 말씀으로 만드셨다. "빛이 있으라." 그러자 빛이 있었다. "피조물들이 있으라." 그러자 피조물들이 있었다. 여기에는 사람도 포함된다. 하나님은 우리가 보는 모든 만물을 창조하시면서 있으라고 말씀하셨다.[3]

왜 그렇게 하셨는가? 창조주 하나님은, 성경이 우리에게 말하는 대로 '언약의' 하나님이시기 때문이다. 그것은 하나님이 먼 곳에 계신 절대자가 아니라는 뜻이다. 하나님은 초연하고 무심하며 멀리 떨어져 계신 분이 아니라, 예수님이 말씀하신 바와 같이, 땅에 떨어지는 참새를 비롯하여 우리의 머리털 하나하나에 이르기까지, 언덕들과 골짜기와 강과 모든 것에 이르기까지 그분이 만드신 것과 친밀하게, 온전히 관계를 맺는 하나님이시다(마 10:29). 헌신적이며 우리와 언약 관계에 있는 하나님이시다.

그런 점에서 볼 때, 말이 하는 일은 다음과 같다. 즉 말은 관계를 만들어 낸다. 실제로 말을 하려면 관계가 필요하다. 관계 없이는 누군가에게 말을 할 수 없다. 그것은 버스에 올라타면서 운전기사에게 "이 버스 시청에 가나요?"라고 물으면 운전기사가 "네, 타세요!"라고 대답할 때 형성되는 것과 같이 아주 짧고 피상적인 관계일 수도 있다. 이때 우리는 관계를 맺은 것이다. 깊이가 없기는 하지만 일종의 관계가 맞다. 그 스펙트럼의 다른 한 끝은 평생 이어지는 깊은 관계이다. 그러한 관계의 가장 확실한 예로 결혼을 들 수 있다. 결혼이든 다른 어떤 것이든, 관계의 성격이 어떠하든 간에, 우리는 말 없이는(적어도 입으로 하는 말을 대신하는 다른 어떤 것 없이는) 지속적인 관계를 맺거나 유지할 수 없다.

창세기 1장은 자기 자신과의 완전한 관계 속에서 세상을 창조하시는 삼위일체의 하나님에 대해, 그리고 창조주 하나님께 찬양으로 화답하는 피조물에 대해 이야기한다. 하나님이 창조하신 만물은 그분이 보시기에 매우 좋았다고 성경은 전한다. 그것이 피조물이 하나님께 드리는 화답이었다. 하나님의 피조물 전체가 속성상 자신이 지닌 모든 것으로 하나님께 이렇게 말씀드리고 있는 것이다. "아주 좋습니다!"

성경의 많은 부분들이 이러한 진리를 반영하고 있다. 시편 19편은 "하늘이 하나님의 영광을 선포하고 궁창이 그의 손으로 하신 일을 나타내는도다"(1절)라며 이 점을 상기시키고 있다. 시편 96편은 하나님을 찬양하라고 모든 피조물에게 요구한다. "하늘은 기뻐하고 땅은 즐거워하며 바다와 거기에 충만한 것이 외치고"(11절). 마찬가지로 시편 98편은 바다와 강과 산악 등 모든 피조물에게 있으라고 말씀하신 하나님께 화답하라고 이른다. 이 구절들에서 사용하는 단어들을 보면, 선포하고, 나타내고(proclaim), 찬양하고, 외치고, 화답하는 등 모두 말하는 것과 관련돼 있다. 그러므로 어떤 면에서는 피조물 전체가 기도하고 있다고 말할 수 있다. 자신의 모든 것을 있게 하신, 근원이 되시는 분에게 찬양으로 화답하는 것이다. 이는 하나님이 만물에게 있으라고 말씀하셨고, 그로 말미암아 모든 피조물에게 하나님 자신과 관계를 맺도록 하셨기 때문이다.[4]

물론 이 구절들은 하나님께서 사람에게 있으라고 말씀하신 것에 대해서도 이야기한다. 하나님은 창조의 가장 빛나는 영광이 되도록 매우 독특한 방식으로 그 일을 행하셨다. 창세기 1장 26절을 보면 놀라운 일이 하나 나온다. 하나님께서 자신에게 이렇게 말씀하신다. "우리의 형상을 따라 우리의 모양대로 우리가 사람을 만들고." 굉장한 진술이지 않은가?

이 본문은 이스라엘의 위대한 지도자이자 선생인 모세가 기록하고 있다. 모세가 끊임없이 전하는 메시지는, 이스라엘은 언제나 오직 '한 분이신' 하나님께만 헌신해야 한다는 것이다. 광야를 지나는 여정 내내, 시내 산에서 그리고 모압 평지의 마지막 권고에서 모세는 앞으로 나라를 이루어 살아갈 이스라엘의 삶을 준비시키면서, 그들의 하나님 곧 참된 하나님은 한 분이심을 반복해서 강조한다. 주님은 주변 나라의 이교도들이 섬기는 많은 신들이나 우상들에 비교 당할 분이 아니시다. 그분은 한 하나님이요 유일하신 하나님이다. 모세는 또한 이스라엘 백성의 위대한 기도문인 그 유명한 쉐마를 가르친다. "이스라엘아 들으라 우리 하나님 여호와는 오직 유일한 여호와이시니"(신 6:4).

이것이 바로 성경적인 믿음의 핵심이다. 하나님은 많은 분이 아니라 한 분이라는 것! 그런데 성경의 첫 장에서 우리는 '우리', '우리의'라는 복수 용어를 사용하시며 당신 자신에게 말씀하시는 그 한 분 하나님을 만난다. "우리의 형상을 따라…우리가 사람을 만들고."

물론 예수 그리스도 안에서 궁극적으로 하신 말씀을 통해 하나님의 온전한 계시를 받은 우리는 이 점을 이해할 수 있다(적어도 유한한 존재가 무한하신 하나님을 이해할 수 있는 선에서 말이다). 우리는 그 한 분 하나님이 구별된 세 위격, 즉 성부와 성자와 성령이심을 안다. 우리는 하나님을 나누어질 수 없고 분리될 수 없는 거룩한 삼위일체, 즉 한 하나님이지만 성경이 증거하는 바에 따르면 당신 자신 안에서 말씀하시는 하나님, 자신과의 완전한 관계 가운데 계시는 하나님으로 믿는다.

그러므로 창조가 시작되는 이 첫 장에서 그 완전한 관계성이 뚜렷이 드러나는 것에 너무 놀랄 필요는 없다. 역사상 훨씬 나중에 요한복음이 성령 안에서 하늘 아버지께 말씀하시는 예수님을 기록하고 있다는 사실이 더 놀라울지도 모르겠다. (실제로 요한복음 17장 5절에서 예수님은 세상이 존재하기 전에 아버지와 나누셨던 영광에 대해 분명히 말씀하신다.) 이 한 분 하나님은 영원 전부터 영원까지, 모든 피조물이 세상에 있기 전부터 언제나 삼위일체의 하나님이요, 관계를 나누고 언약을 맺으시는 하나님, 말씀하시는 하나님이었다.

이 모든 내용 중에서 우리에게 가장 중요한 사항은 이것이다. 즉 성경에 따르면 유일하게도 우리가 이 하나님, 관계의 하나님, 말씀하시는 하나님의 형상대로 창조되었다는 것이다. "우리의 형상을 따라 우리의 모양대로 우리가 사람을 만들고."

그것이 우리 사람이 '말'하는 근본적인 이유이고, 관계를 형성하고 언약을 맺는 존재가 된 이유이다. 우리가 관계의 하나님, 언약의 하나님, 말씀하시는 하나님의 형상을 지니고 있기 때문이다.

우리 사람의 속성 중 하나인 말로 하는 소통에 대해 잠시 생각해 보자. 모든 소통이 끊어진다는 것은 어떤 것일는지 우리는 상상하기 어렵다. 그것은 사람 이하가 되는 일일 테다. 실제로 소통하는 능력을 모두 잃어버린 사람을 식물 인간에 비유하기도 한다. 그런 사람은 다른 사람과 전혀 소통하지 못한다. 누군가가 '식물 상태'에 있다는 것은, 그가 더 이상 사람답지 않다고 말하는 것이다. 안타깝게도 식물에 더 가깝다.

   우리는 또한 관계를 통한 상호작용이 모두 끊어져 버리면 결국 사람의 인간성이 말살된다는 사실을 안다. 그래서 사람을 고문할 때 비좁은 독방에 넣고 빛을 차단하는 식으로 감각을 박탈하는 방법이 동원되기도 한다. 이런 식으로 감각을 포함한 모든 소통이 일절 차단당할 때 건강하던 사람도 미쳐 버릴 수 있다.

베를린 장벽이 무너진 후 동유럽의 실상이 처음으로 드러났을 때를 기억하는가? 루마니아 고아들의 비참한 영상이 TV에 나왔다. 그곳에서 아이들은 유기된 채 끔찍한 처우를 받고 있었다. 무엇보다 고아원에 들어온 후 아이들에게 말을 거는 사람이 아무도 없었다. 아이들은 어떤 말도, 대화도, 따듯한 인간관계도, 소속감도 나누지 못했다. 정상적인 사람이라면 당연히 경험했을 필수 요소들이 전혀 없었다. 결과적으로 아이들은 정서뿐만 아니라 지능 및 사고능력, 심지어 신체 발육마저 제대로 이루어지지 않았다.

우리 사람은 관계를 나누는 존재로 만들어졌다. 본성상 우리는 언약적 존재이다. 우리가 창조된 목적이 근본적으로 언약을 맺고 관계를 나누는 하나님의 형상을 반영하는 데 있기 때문이다. 창조 질서에서 이런 이미지를 보여 주는 가장 친밀한 관계가 결혼이다. 결혼은 우리가 지닌 관계적 본성을 실물로 보여 주는 하나의 산 예이다. 결혼을 통해 두 사람이 한 몸이 된다. 성경에 따르면, 오직 결혼만이 가장 깊고 친밀한 관계를 나누는 대화, 곧 성관계라는 육체적인 '말'을 수반하는 이유가 여기에 있다.

물론 우리는, 그보다 먼저, 다른 사람들이 아닌 하나님과 관계를 맺는 존재로 만들어졌다. 태초에 하나님이 말씀하실 때, 사람은 하나님과 완전하고 조화로운 관계를 맺도록 창조되었다. 게다가 하나님께서 사람에게 맡기신 모든 피조물과도 완전한 관계를 맺도록 창조되었다. 창세기 1장 28절은 말한다. "하나님이 그들에게 복을 주시며 하나님이 그들에게 이르시되 생육하고 번성하여 땅에 충만하라, 땅을 정복하라."

일부 사람들이 주장하듯 이 말씀에 땅을 착취해도 좋다는 암시는 어디에도 없다. 이 구절은 오늘날 생태계 파괴와 관련된 모든 문제들의 뿌리가 아니다. 그것과 거리가 멀다. 이 구절은 도리어 사람과 세상 사이의 완벽하게 질서정연한 관계를 그리고 있다. 피조물과 하나님 사이의 조화로운 관계를 반영하는 사람의 모습을 보여 준다. 그런 모습은 사람과 하나님 사이의 완전한 관계에서 흘러나오기 때문이다.

창세기 1장과 2장 전체는 그 완전한 관계를 그려 가고 있다. 하나님은 사람에게 그분의 권한을 위임하시면서 세상을 다스리라고 명령하신다. 하나님은 에덴동산에서 그 일을 시작하게 하셨다. 창세기 2장 15절은 여호와 하나님이 사람을 이끌어 에덴동산에 두시고(put him) 그곳을 경작하고 지키게 하셨다고 말한다. 그런데 '그를 두셨다'로 번역된 히브리어는 문자적으로는 '그에게 쉼을 주셨다'(gave him rest)는 뜻이다. 하나님께서 사람에게 에덴동산에서 쉼을 누리면서 그곳을 경작하고 지키게 하신 것이다. 사람에게 완전한 쉼은 하나님의 일을 하는 것이다. 그 점을 기억해야 한다.

  그뿐만이 아니다. 하나님은 구약성경 곳곳에서 그분의 백성들에게 장차 그들이 그분의 땅에서 쉼을 얻게 하겠다고 약속하신다. 그 약속은 또한 우리에게 주신 것이기도 하다. 영광스런 안식의 쉼이 여전히 하나님의 백성들을 기다리고 있다(히 4:9). 가끔 우리는 천국에 갔을 때(더 적절하게 말하자면, 하나님의 영원한 나라가 온전히 임했을 때), 우리가 별로 하는 일 없이 앉아 있을 것이라고 생각하지만, 사실은 그렇지 않다. 하나님의 완전한 쉼이란 그분의 일을 하는 것이고, 그것이 하나님의 백성들 앞에 놓여 있는 영원한 부르심이다.

창세기 1장과 2장에서 우리는 태초에 실현되었던 그 영광스런 장면을 볼 수 있다. 하나님은 사람을 에덴동산에 두시고, 완전한 쉼과 완벽한 조화를 누리는 가운데 그분의 이끄심을 따라 일하게 하신다. 하나님은 사람에게 경작하고 지키라는 명령을 은혜로운 말씀으로 내리신다. 그리고 남자와 여자는 하나님의 이끄심에 순종으로 화답한다. 하나님에 대한 신뢰가 눈에 보이는 형태로 드러난 것이다. 사람의 본래 창조 목적이기도 한, 하나님과 사람 사이에 형성된 올바른 관계가 눈에 보이는 순종이라는 형태로 나타난 것이다. 신약성경은 그것을 믿음의 순종이라고 부른다(롬 1:5). 한편, 하나님과 올바른 관계를 맺는 것, 즉 하나님에 대한 신뢰가 청각적으로 드러난 형태는 하나님과 대화하는 것이요, 그분을 마주 대하여 말로 교제하는 것이다. 분명 하나님은 날마다 그날 일어난 모든 일들에 대해 아담과 하와와 더불어 담소를 나누려고 저녁마다 동산을 거니셨을 것이다. 창세기 3장 9절을 보면, 하나님이 그들을 찾으며 물으신다. "네가 어디 있느냐?" 그분은 말씀을 나누기 원하셨다. 그래서 사람을 부르신 것이다. "네가 어디 있느냐?"

 그것이 중대한 문제였다. 하나님은 모든 피조물에게 있으라고 말씀하셨고, 사람을 자신의 형상을 따라 말하는 존재로 창조하셨다. 무엇보다 관계를 맺기 위해서였다. 사람을 부르고 반

가운 응답을 받으면서 지속적인 교제와 신뢰를 쌓기 원하셨다. 그런데 심각한 일이 벌어졌다.

사람이 하나님께 응답하기를 멈추었다

사람이 하나님께 응답하기를 멈추었다. 아담은 숨었다. 여호와 하나님께서 "네가 어디 있느냐"라고 부르시자 그는 이렇게 대답했다. "내가 동산에서 하나님의 소리를 듣고 내가 벗었으므로 두려워하여 숨었나이다"(창 3:9-10). 그는 숨었다. 자신이 창조된 목적인, 하나님과 더불어 누리는 독점적인 관계를 가볍게 여기고 한눈을 팔았기 때문이다. 다 알다시피 독점적인 관계에서 일어나던 교제가 끊어지면 소통 또한 단절되고 만다.

요즘 신문 칼럼니스트들은 영국이 미국과 한때 누렸던 '특별한 관계'에 대해 말하기를 좋아한다. 마가렛 대처와 로널드 레이건을 기억하는가? 사람들은 그들 두 지도자가 항상 통화하고 있을 것이라는 믿음을 막연히 가지고 있었다. 딱한 노인네인 로널드 레이건이 그릇된 행동을 하면, 마가렛이 전화를 걸어 그를 바로잡는다는 식이었다. 그들은 돈독한 관계에 있는 것처럼 보였다. 토니 블레어와 조지 부시도 그와 비슷한 관계처럼 보였다. 비록 두 지도자의 성격은 영 딴판이었지만 말이다. 하지만 지금은 상황이 달라 보인다. 버락 오바마와 고든 브라운은 죽이 잘 맞지 않았고, 데이비드 캐머런이라고 해서 크게 나을 게 없었다. 일어나는 일마다 족족 양국의 특별한 관계에 부담이 되었기 때문이다. 스코틀랜드 정부가 로커비 테러 사건(1988년 영국 히드로 공항을 이륙하여 뉴욕으로 향하던 미국 팬암 항공기가 스코틀랜드 로커비 상공에서 폭발하여 스코틀랜드 주민 11명을 포함해 270여 명의 사상자를 낸 테러 사건-옮긴이)의 폭파범을 석방시킨 일로 대서양 연안 국가들의 화합에 금이 갔다. 멕시코 만의 BP 사건(2010년 미국 멕시코만에서 영국의 석유기업 BP의 석유시추시설이 폭발하여 막대한 해양오염을 일으킨 사건-옮긴이)은 또 무슨 도움이 되었겠는가? 분명 요즘은 백악관으로부터 오붓하게 저녁을 먹으며 담소를 나누자고, 다우닝 가 10번지(영국 총리 관저가 있다-옮긴이) 집무실의 전화기가 그리 자주 울리는 것 같지는 않다. 두 나라 간에 더 이상 특별한 관계도, 소통도 없다.

혹은 결혼에 대해 생각해 보자. 결혼생활이 삐걱거릴 때 가장 먼저 나타나는 표시는 무엇인가? 남편과 아내가 더 이상 대화를 하지 않는다는 것이다. 그 전에는 잠자리에서 친밀함이 차츰 줄어들다가 사라지는 현상이 나타났을 것이다. 결국에는 소통하는 모든 영역에서 그렇게 되고 만다. 클리프 리처드의 노래 가사처럼 "우리는 더 이상 대화하지 않아요"가 된다. 대화를 하지 않으면 점점 더 분리된 생활을 하게 마련이다. 말은 실질적이고 살아 있는 관계를 나타내는 청각적인 형태이기 때문이다. 말할 일이 없으면 관계도 사라진다.

거리에서 누군가에게 "안녕하세요, 존!"이라고 소리쳤는데 그가 대답하지 않고 가던 길을 계속 간다면, 그는 존이 아닌 것이다. 그는 당신을 모른다. 그래서 대답하지 않은 것이다. 최근에 나는 글래스고 시내를 걷고 있었다. 그때 콘힐 트레이닝 코스(CTC, 영국의 강해설교 전문 학교)의 학생 중 하나를 보았다. 머리를 길게 땋아 늘인 여학생이었는데, 자전거를 탄 채 신호등이 바뀌기를 기다리는 중이었다. 여학생의 땋은 머리채를 살짝 잡아당길 수 있을 만한 거리였다(나는 땋아서 늘어뜨린 머리를 보면 항상 당기고 싶은 충동이 든다). 마침 그녀가 고개를 돌렸을 때, 나는 알았다. 그녀가 내가 생각하던 그 여학생이 아니란 것을.

사실은 좀 우락부락하게 생긴 처음 보는 남자였다. 그의 머리채를 잡아당겼더라면 상당히 난감한 일이 일어날 뻔 했다.

관계가 건강하고 깊어지려면 의미 있는 말과 소통과 교제가 어우러져야 한다. 말도 끊어지고 소통이 단절된 상태에서는 관계가 지속될 리 없다. 그것이 바로 창세기 3장이 인류에게 남긴 교훈이다.

> 여호와 하나님이 이르시되 보라 이 사람이 선악을 아는 일에 우리 중 하나 같이 되었으니 그가 그의 손을 들어 생명 나무 열매도 따먹고 영생할까 하노라 하시고 여호와 하나님이 에덴동산에서 그를 내보내어 그의 근원이 된 땅을 갈게 하시니라 이같이 하나님이 그 사람을 쫓아내시고 에덴 동산 동쪽에 그룹들과 두루 도는 불 칼을 두어 생명 나무의 길을 지키게 하시니라(창 3:22-24).

비극적이게도 사람은 더 이상 하나님의 동산에서 살 수 없게 되었고 그 안으로 들어가지도 못하게 되었다. 하나님의 음성을 듣는 일에서도 차단당하고 말았다. 하나님과 대화를 나눌 길이 막혀 버린 것이다. 어느 선선한 날에 함께 동산을 거니는 일은 더 이상 없다. 절대적인 침묵밖에 없다. 사람은 하나님의 은혜로운 말씀에 응답하기를 거부하고 자기 길로 갔다. 하나님은 크나큰 슬픔을 안고 이렇게 말씀하셔야 했다. "그래, 네가 들으려 하지 않는구나. 대화를 멈춰야겠구나. 물러나야겠구나." 하나님과 교통하기 위해 창조되었던 사람은 자신을 만드신 하나님과 더 이상 대화하지 않는, 사람답지 못한 사람이 되었다. 그것은 세상이 지금까지 걸어온 방식과 다르지 않다. 사람은 하나님께 귀기울이려 하지 않는다. 귀를 틀어막고 이렇게 말한다. "이런 거 들을 필요없어! 하나님이 계신다 해도 내가 사양하겠어. 하나님이 필요치 않아. 내가 나 자신의 하나님이 되어 살아갈 거야. 듣지 않겠어." 그 모습은 마치 짜증을 부리는 십대와 비슷하다. 자기 방에 들어가 문을 쾅 닫고 부모가 불러도 듣지 않으려고 음악을 크게 틀어 놓는 장면을 떠올려 보라. 아이는 부모가 시끄러운 음악 소리에 질려서 아예 가까이 오지 못하기를 바란다.

십대 자녀를 두었다면 누구나 알 만한 일이다. 그러한 행동이 실제로 십대의 불안을 해결하지 못한다는 사실도 안다. 방에 틀어박히고 이성에 귀기울이기를 거부해서는 행복과 평안함과 성취감이 생길 리 없다. 마찬가지로 하나님과의 이런 소통의 단절은 이 세상을 위해서도 그리고 이 세상에서 살아가는 이들의 삶에도 좋을 리가 없다. 인류는 비극적인 상태에 놓여 있다. 우리가 지금 이런 처지인 것도, 세상이 지금 이런 형편인 것도 바로 그 때문이다. 하나님은 말씀하기 위해, 소통하기 위해, 관계를 나누기 위해 우리를 창조하셨다. 하지만 우리는 응답하기를 거부하며 관계를 끊어 버렸다. 결과적으로 우리는 하나님께 말하고 싶어도 말할 수 없게 되었다. 더 이상 대화도 없다. 말할 거리가 없다. 우리와 하나님 사이의 관계는 돌이킬 수 없이 망가지고 말았다.

하지만 하나님은 사람에게 말씀하기를 그만두지 않으신다

성경은 이 재앙의 원인과 결과를 둘 다 분명히 밝히고 있다(예를 들어 로마서 1:18-2:5을 읽어 보라). 하지만 성경은 또한 동일하게 그 이상의 어떤 것, 믿기 힘들지만 정말 놀라운 일에 대해서도 분명히 말하고 있다. 성경은 이 모든 일에도 불구하고 하나님께서 우리에게 말씀하기를 그만두지 않으셨다고 말한다.

관계가 어느 한편의 신실하지 못함으로 인해 깨졌을 때, 잘못을 저지른 쪽에서 간단히 그 관계를 다시 시작하기란 불가능하다. 잘못을 저지른 쪽에는 그런 일을 할 권한도, 능력도 없다. 자기가 저지른 잘못으로 인해 잃어버린 게 너무나 많기 때문에 그만큼 엄청난 대가를 치르지 않고서는 화해가 일어날 수 없다. 용서가 가능하려면 대가를 치러야 한다. 더욱이 오직 피해를 입은 쪽만이 잘못을 저지른 쪽에 화해의 손을 내밀 자격이 있다. 피해를 입은 쪽에서 용서를 위한 대가를 오롯이 감내해야 하기 때문이다. 자기를 몹시 괴롭게 한 사람을 향해 "그래요, 우리 다시 관계를 시작해요"라고 말하기가 쉬운가? 그렇게 할 수 있을 정도로 용서하기 위해서는 피해를 입은 쪽에서 치러야 할 대가가 이만저만이 아니다.

안됐지만 요즘 우리는 정상급의 연예인이나 스포츠 스타의 외도 소식을 종종 듣는다. 불미스러운 이 사건들에서, 피해를 입은 쪽에서 고통을 감수하고 대화를 시작할 때에만, 실제적이고 의미 있는 방식으로 관계가 회복되고 원래대로 돌아갈 가능성이 있다. 깨어진 둘 사이의 관계에서 관계를 망친 쪽이 할 수 있는 일이라고는 응답하는 것밖에는 없다. 어떤 일도 먼저 시작할 수 없다. 이렇게 말하는 것 말고는 아무것도 없다. "그래요, 제발, 이 결혼생활을 다시 시작하고 싶어요." 그나마 그것도 피해를 입은 쪽에서 손을 내밀었을 때 그에 대한 응답으로 할 수 있는 말이다.

하나님의 경우에도 마찬가지이다.

다만 성경의 모든 이야기와 복음의 모든 내용이 전하는 바에 따르면, 하나님은 처음부터 그렇게 말씀하기로 작정하셨다. 응답하기를 거부한 우리를 향해 하나님은 먼저 이렇게 말씀하신다. "네가 돌아왔으면 좋겠다. 그래, 우리 사이에 벌어진 틈이 끔찍하기는 하지. 그 고통이 말로 다할 수 없구나. 치러야 할 대가가 너무 크다. 하지만 내가 그 대가를 감내하겠다. 다시 한번 네가 진실로 나를 위해 지음받았고, 나와 함께하며, 나를 알고, 나와 더불어 이야기를 나누며 친밀하게 교제하는 사람이요 피조물이 되게 하기 위해서다. 네가 다시 내게 응답하고 우리가 친구로서 함께 대화를 나누기 위해서다."

그것이 하나님께서 하신 일이다. 하나님은 위대한 약속을 근거로 은혜 한가운데로 사람을 불러내셨다. "네가 저지른 일로 빚어진 고통과 실망 그리고 내 마음속 의로운 분노까지 이 모든 것을 장차 내가 직접 처리하겠고, 다시는 그리고 영원히 기억조차 되지 않을 것이다. 나의 바람은 네가 나를 다시 알게 되는 것이다. 네가 내 음성을 다시 들었으면 좋겠다. 네가 내게 모든 것을 다시 이야기하고 아버지와 아들로서 관계 맺는 일을 즐거워했으면 좋겠다. 네가 내게 말하러 나아오는 것을 정말 즐거워했으면 좋겠다."

그래서 하나님은 아브라함을 부르시고, 이삭을 부르시며, 야곱을 부르셨다. 그들 이후로도 하나님은 수많은 사람들을 부르셨다. 그리고 그들은 하나님께 응답하고 그분과 대화했다. 출애굽기 33장 11절은 하나님께서 친구를 대하듯 모세와 얼굴을 마주하며 말씀하셨다고 전한다. 하나님이 먼저 나서셨기에, 그들 모두가 다시 하나님을 알 수 있는 은혜를 누리고 하나님과 대화할 수 있었다. 그리고 그들은 하나님의 은혜의 부르심에 응답했다. 즉 "나를 신뢰하고 믿으며 순종하라"는 하나님의 음성에 응답했기에, 하나님과 친밀하고 진정한 관계를 맺고 누릴 수 있었다. 달리 말해, 그들에게는 성경이 말하는 바 '믿음'이 있었다.

아브라함에게 믿음이 있었다는 사실을 어떻게 알 수 있는가? 히브리서 11장 8절은 하나님께서 부르셨을 때 아브라함이 순종했다는 사실을 들어 그에게 믿음이 있었다고 말한다. 하나님께서 그를 부르시고 그에게 알지 못하는 곳으로 가라고 말씀하셨을 때 그는 응답했고 순종했다. "믿음으로 아브라함은 부르심을 받았을 때에 순종하여." 아브라함의 순종은 시각적인 형태의 믿음이라고 할 수 있다. 한편 청각적인 형태의 믿음도 있다. 즉 믿음으로 말미암아 이루어진 하나님과의 진실하고 살아 있는 관계는 그가 하나님과 나눈 대화로 나타났다. 하나님은 아브라함에게 위대한 약속의 말씀을 주셨다. 아브라함은 이에 "여호와의 이름을 부르[는 것]"(창 12:8)으로 응답했다. 달리 말해, 아브라함은 기도했다.

기도는 청각적인 형태로 나타난 아브라함의 믿음이었다. 기도로 하나님께 말씀 드리는 것은 하나님의 부르심에 대한 청각적인 응답이다. 순종은 하나님의 부르심에 참된 믿음을 드러내는 시각적인 응답이자 하나님에 대한 참된 지식을 보여 주는 산 증거이다. 히브리서 1장에 따르면, 하나님께서 그분의 아들 주 예수 그리스도 안에서 말씀하신다고 하는데, 그렇다면 우리의 기도는 근본적으로 주 예수 그리스도에 대한 믿음을 드러내는 응답이라 할 수 있다.

기도란 예수님 안에서 우리를 부르시는 하나님께 응답하는 것이다. 우리의 있는 모습 그대로, 다만 입술만이 아니라 우리 삶으로 응답해야 한다. 그럴 때 우리가 하는 말들은 우리 내면의 것들이 음성화된 것이라 하겠다. 청각적인 형태로 나타난 내면의 실체인 셈이다. 아버지가 내게 이런 식으로 설명하셨던 게 기억난다. "어떤 문제를 놓고 기도할 때, 우리가 무엇을 기도하느냐가 아니라 누구인가 하는 게 중요하단다." 그 말씀이 옳다. 참된 기도는 주 예수 그리스도께 진실함으로 반응하는 마음에서 나오기 때문이다. 기도는 그리스도를 진정으로 만난 삶에서 나오는 무수한 반응들이다.

사도행전 9장에서 사울의 회심 부분을 읽다 보면, 주님이 아나니아에게 사울이 있는 곳을 찾아가라고 이르신 후 이렇게 말쓸하시는 대목이 나온다. "그가 기도하는 중이니라"(11절). 그 일은 왜 그토록 중요했는가? 다소 사람 사울은 경건한 바리새인으로서 하루도 거르지 않고 평생 기도해 왔을 것이다. 그런데 그는 이전에 진실로 기도한 적이 없었다. 그때까지 하나님의 부르심에 응답한 적이 한 번도 없었기 때문이다. 부활하신 주 예수 그리스도 안에서 하나님을 인격적으로 만났을 때 그는 비로소 진실로 기도할 수 있었다. 자기를 부르신 하나님과 소통할 수 있었다.

하나님께서 우리를 부르시지 않는 한 우리는 그분께 응답할 길이 없다. "나와 결혼해 줄래요?"라고 청혼을 받지도 않았는데, "네, 결혼할게요"라고 대답할 수는 없는 노릇이다. 하지만 예수님 안에서 하나님은 침묵을 깨셨다. 하나님은 "네가 돌아왔으면 좋겠다. 내 곁에 있어 주겠니"라고 말씀하시며 우리를 부르셨다. 그리고 우리가 "네"라고 응답하기를 원하신다. 그 부르심에 "네"라고 응답하는 것이 모든 참된 기도의 핵심이요 시작이다.

그러니 이렇게 질문해 보겠다. "당신은 기도하는 사람인가?"

나는 지금 당신이 기도를 하느냐 하지 않느냐를 묻는 게 아니다. 누구라도 '입으로 기도하고 있으니 나는 기도하는 사람' 이라는 착각에 빠질 수 있다. 그런데 정말 당신은 기도하는 사람인가? 주 예수 그리스도에게 응답하고 있는가? 그리스도의 복음 안에서 당신을 부르시는 하나님께 마음 깊은 곳으로부터 응답하고 있는가? 하나님의 아들 예수 그리스도 안에서 당신을 부르신 하나님께 귀에 들리도록, 눈에 보이도록 응답하고 있는가? 정말 그렇게 하고 있는가?

그렇다면 당신은 기도하고 있는 것이다.

하지만 그렇지 않다면, 글쎄, 온갖 미사여구를 동원해 기도한다고 해도 그것은 진실로 기도하는 게 아니다. 기도란 하나님의 놀라운 부르심에 응답하는 것이기 때문이다.

참으로 기도를 시작하기에 너무 늦은 때란 없다. 우리는 기도할 수 있다. 하나님은 말씀하시는 하나님이기 때문이다. 놀랍게도 하나님은 그분의 아들 주 예수 그리스도라는 메시지로 우리를 부르셨다. 하나님은 우리가 응답하는 사람들이 되기를 원하신다.

묵상 또는 나눔을 위한 질문

1. 알리스터 베그는 서문에서 이렇게 썼다. "그리스도인인 우리의 삶에서 기도만큼 중요한 것은 없다. 하지만 우리가 예수님처럼 그렇게 쉬지 않고 기도하기란 너무 힘든 일인 것도 부인할 수 없는 사실이다." 살면서 이 말에 깊이 공감한 적이 있는가? 어떤 점에서 기도가 어렵게 느껴지는가? 날마다 진실한 기도 생활을 유지하는 데 방해가 되는 장애물은 무엇인가?

2. 하나님에 대해 많이 배우는 것이 기도에 관해 가장 많이 배울 수 있는 방편이다. 하나님에 대해 배운 진리 가운데 당신의 기도 생활에 영향을 미친 것이 있는가? 기도 생활에 도움이 되는 영적 훈련을 해 본 적이 있는가? 무엇이었는가?

3. 하나님이 '언약의 하나님'이시라는 사실이 당신의 기도 생활에 어떤 영향을 미치는가? '언약의 하나님'에 대해 처음 들어 보았다면, 이 개념으로 당신의 기도 생활이 어떻게 바뀌기를 소망하는가?

4. 어떤 종류의 관계이든, 우리는 말(또는 말을 대신하는 다른 형태의 소통) 없이 그 관계를 형성하거나 지속할 수 없다. 완벽하게 구사된 말 대신 의사 소통을 가능하게 하는 다른 유형의 방식이 있는가? 그러한 방식은 실제로 말하는 능력이 결여된 사람과 대면하여 소통할 때 어떻게 작용할 수 있겠는가? 소통에 관한 이러한 아이디어들은 말이 쉽게 나오지 않을 때, 이를테면 감정적으로 극한 스트레스를 받았을 때 우리의 기도에 어떤 영향을 미치겠는가?

5. 저자는 눈에 보이는 관계(순종)와 귀에 들리는 관계(말)를 구별짓는다. 언어적인 교제 없이 삶으로 드러나는 관계만을 맺는다면 그것은 어떤 모습으로 나타나겠는가? 두 가지 중 어느 한 형태만 있을 때 그 결과가 어떻겠는가? 실제로 사람이 하나님과의 관계에서 어느 한 형태만 취하는 것이 가능하겠는가?

6. 이 장은 "우리의 기도는 근본적으로 주 예수 그리스도에 대한 믿음을 드러내는 응답"이라고 결론 짓는다. 살면서 정말

그렇다고 생각한 적이 있는가? 하나님이 말씀하시는 하나님이기 때문에 우리가 기도한다는 진리를 진실로 믿고 삶으로 살아 낸다면, 당신의 기도 생활은 어떻게 달라지겠는가? 이 기도 정의에 따르면, 당신은 진정 기도하는 사람인가, 아니면 하나님과의 진실한 관계 없이 그저 입으로만 기도하는 사람인가?

백성이 다 세례를 받을새 예수도 세례를 받으시고 기도하실 때에

하늘이 열리며 성령이 비둘기 같은 형체로 그의 위에 강림하시더니

하늘로부터 소리가 나기를 너는 내 사랑하는 아들이라

내가 너를 기뻐하노라 하시니라.

누가복음 3:21-22

2
하나님의 자녀이기 때문에 우리는 기도한다

설교자가 회중에게 기도하라고 거듭해서 권면하기란 쉬운 일이다. 문제는 이런 권면이 대개 사람들을 좀더 기도하도록 만들지 못하고 부담과 죄책감만 갖게 한다는 것이다. 그러나 이 책에서 우리의 관심은 기도를 권면하는 게 아니라 설명하는 데 있다.

앞장에서 하나님이 말씀하시는 하나님이기 때문에 우리가 기도한다는 점을 근본적인 차원에서 살펴보았다. 우리는 하나님의 하나님 되심과 그분이 하신 일 때문에 기도한다. 하나님은 말씀하시고, 우리는 그분에게 응답한다. 우리는 하나님께 응답하기 위해 창조되었고, 그것이 우리가 존재하는 이유의 전부이다. 하나님은 말씀으로 피조물을 만드셨고, 모든 피조물은 하나님께 화답한다. 그런데 하나님은 사람을 그분의 형상으로 만들어 세상의 다른 모든 피조물 위에 있게 하셨다. 하나님 그분과의 친밀함과 특별한 관계, 사랑의 관계를 누리도록 하기 위해서다.

어처구니없게도, 무분별하게도 그리고 비참하게도, 우리는 관계를 파괴하면서 하나님께 반역했다. 더 이상 하나님께 응답하지 않았다. 인류는 지금까지 알았고 누려 왔던 하나님과의 교제에서 떨어져 나갔다. 하나님과 사람 사이에 더 이상의 기도도, 대화도, 응답도, 달콤한 영적 교감도 없어졌다. 오직 침묵뿐이었다. 그래서 C. S. 루이스의 〈우주 3부작〉(Space Trilogy) 중 제1권의 제목은 『침묵의 행성 밖에서』(홍성사)이다.[5] 그 책에서 루이스는 지구를 태양계에서 추방된 행성으로 묘사한다. 다른 모든 세계의 사람들이 지구를 가리켜 '침묵의 행성'이라고 부르는데, 그 이유는 그 모든 세계들 중에서 지구만 유일하게 하나님이 계시는 곳, 이른바 '깊은 하늘'과 아무 소통도 하지 않는 행성이기 때문이다. 침묵의 행성은 하나님과 인류 사이의 친밀한 소통의 종말이요 기도의 종말을 뜻한다.

우리는 또한 복음 이야기가 참된 기도를 회복시키는 내용이라는 점을 살펴보았다. 실로 복음은 사람과 하나님 사이에 진정한 관계가 회복됨에 관한 이야기다. 가고오는 여러 세대에 걸쳐 하나님은 사람을 부르셨고, 사람을 향한 그분의 최종적이고 궁극적인 말씀과 부르심은 유일하신 아들 안에 있었다. 예수 그리스도는 사람을 향한 하나님의 궁극의 말씀이시다. 그러므로 참된 기도의 정수는 예수 그리스도 안에서 우리를 향한 하나님의 부르심에 응답하는 것이다. 즉 기도는 예수님께 응답하는 것이다. 우리는 하나님이 말씀하시는 하나님이기 때문에 기도할 수 있다. 우리가 하나님께 응답하는 존재로 창조되었기 때문이며, 또한 예수 그리스도를 통해 구원을 받고 하나님께 다시 응답할 수 있게 되었기 때문이다.

기도에 관한 우리의 논의에서 주 예수 그리스도가 중심이 되신다는 점을 고려할 때 한 걸음 더 나아가야 할 필요가 생긴다. 하나님이 궁극적으로 그분의 아들 예수 그리스도 안에서 우리를 부르실 뿐만 아니라, 우리 역시 오직 예수 그리스도를 통해서만 하나님께 응답할 수 있다는 것이다. 즉 예수님은 사람을 향한 하나님의 궁극적인 말씀일 뿐만 아니라, 하나님께 드리는 사람의 궁극적인 응답이기도 하다. 그리하여 사람들의 모든 관계가 온전히 회복되는 것은 오직 예수님 안에서만 가능하며, 우리 하늘 아버지와의 친밀한 교제가 영광스럽게 회복되는 것 역시 오직 예수님 안에서만 가능하다. 삼위일체이신 하나님과 예수 그리스도의 완전한 관계를 통해서라야 이 모든 것이 가능하기 때문이다.

예수님은 하나님의 참된 아들이시다

무엇보다 먼저 예수님이 하나님의 참된 아들이시라는 점을 이해하자. 너무 뻔한 말이라고 생각하는 줄 안다. 맞다. 우리는 예수님이 하나님의 아들이심을 안다. 그런데 그분은 유일하게 참된 사람이라는 점에서 하나님의 유일한 아들이시다. 따라서 그분은 사람이 처음 반역한 이후로 세상이 보아온 바 하나님께 유일한 '참된 기도자'이시다. 아담이 하나님의 아들이 되도록 지어졌음을 기억하라. 누가복음의 족보에서 말하고자 하는 요점이 이것이다. 누가복음에서 누가는 예수님의 기원을 찾아 '하나님의 아들' 아담에게까지 거슬러 올라간다. 아담은 아들로서 아버지이신 하나님과 친밀한 관계를 맺기 위해 지어졌다. 그는 순종하는 아들로서 하나님의 은혜 안에서 사랑하고 신뢰하며 안식하도록 지음받은 존재이다.

그런 모습은 타락하기 전 그의 '삶'에서 드러났다. 그는 하나님의 명령에 순종으로 응답했다. 그런 모습은 그의 '입술'에서도 똑같이 드러났다. 다시 말해, 하나님과 나누는 대화인 기도에서 그대로 드러났다. 기도는 사람이 하나님께 완벽하게 순종하는 참된 관계에 있음을 보여 주는 청각적인 형태의 증거였다. 하나님과의 깊이 있고 친밀한 교제인 기도는 하나님의 거룩한 아들 아담이 누리는 특권이었다.

하나님은 얼룩말과 함께 동산을 거닐지 않으셨다. 하나님은 아르마딜로나 황새 또는 여타의 피조물을 부르지 않으셨다. 하나님은 사람을 부르셨다.

그러나 앞서 언급했듯, 아담은 불순종함으로 하나님의 거룩한 아들이라는 신분을 잃었다. 우리는 그것을 사람의 '타락'이라고 표현하지만, 성경은 보다 더 구체적인 사연을 서술하고 있다. 타락이라는 단어 속에는 '우연히 일어난 사고'라는 의미가 전혀 담겨 있지 않다. 그것은 외출했다가 어쩌다 빙판에 미끄러져 넘어지는 것과 같이 운이 없어 일어난 일이 아니었다. 타락은 전혀 그런 종류의 일이 아니었다. 그것은 자기 의지를 따라 고의로 저지른 불순종이었다. 그것은 사도 바울이 로마서 5장에서 사람의 범죄에 대해 이야기하면서 사용한 언어였다. 그것은 모든 사람에게 죄와 정죄와 죽음을 가져다 준, 한 사람이 저지른 범죄였고 한 사람의 불순종이었다.[6] 그래서 어쩌면 단순히 죄를 범했다는 말보다, 하나님과 맺은 언약을 파기했다는 구체적인 죄에 관해 이야기하는 게 더 정확할지 모른다(14절을 보라).[7]

그러나 예수님이 오심으로 세상은 다시 한 번 하나님의 거룩한 아들, 또 다른 아담을 보게 되었다. 신약성경은 그분을 가리켜 "둘째 사람"(고전 15:47)이라고 부른다. 천사가 마리아에게 곧 그녀에게서 태어날 아이에 대해 뭐라고 이야기했는가? "나실 바 거룩한 이는 하나님의 아들이라 일컬어지리라"(눅 1:35).

구약성경에서 하나님은 그분의 백성 이스라엘을 가리켜 "내 장자"(출 4:22)라고 부르셨다. 그러나 이스라엘은 하나님의 아들로서 계속 실패하기만 했다. 하나님은 또한 백성들의 기름 부은 왕들을 그분의 특별한 아들들로 부르셨다. 누구보다 다윗의 아들 솔로몬이 그러했다. "그는 내게 아들이 되리니"(삼하 7:14)라고 주님은 말씀하셨다. 하지만 솔로몬조차 왕국의 전성기에 잠깐의 영광을 누린 후에는 죄와 수치 속으로 빠져 들었다.[8] 마침내 나사렛 예수에 이르러서야 하나님께서 사람에게 의도하셨던, 삶의 모든 면에서 순종하는 참된 아들, 참된 사람이 실현되었다. 아버지와 아들로서 맺어진 그 완전한 관계는, 시각적으로는 예수님의 순종하는 삶에서 나타났을 뿐만 아니라, 청각적으로는 그분과 하늘 아버지 사이의 끊임없는 양방향 소통에서 드러났다.

예수님은 하늘에 계신 아버지께 언제나 기도하셨고, 하늘 아버지도 예수님께 응답하셨다. 하나님은 참된 사람 예수님의 기도에 결코 침묵하지 않으셨다. 예수님과 하늘 아버지 사이를 특별히 이어 줄 중재자나 제사장은 필요치 않았다. 예수님은 아담이 되고자 했으나 실패했던 모든 것이자, 아담이 거스려 반역했던 모든 것이었기에 하늘 아버지께 직접 나아갈 수 있었다. 예수님은 하나님을 실망시키거나 그분의 기대를 저버린 적 없는 하나님의 참된 아들이었다. 누가가 언급하듯, 그는 하나님이 사랑하시는 아들이요 기뻐하시는 이였다. 예수님이 세례를 받으실 때 하나님의 음성이 하늘의 영광 가운데서 직접 들려왔다. "너는 내 사랑하는 아들이라 내가 너를 기뻐하노라"(눅 3:22). 그러고 나서 누가는 즉시 다윗과 아브라함, "하나님의 아들"(눅 3:38, 새번역) 아담에게로 거슬러 올라가는 족보를 펼치면서 그 하늘의 음성이 무엇을 의미하는지 정확히 설명한다. 누가는 예수님이 이스라엘의 참된 왕이실 뿐만 아니라 하나님이 아브라함에게 하신 모든 약속의 참된 상속자요, 마침내 참된 아담이심을 이야기한다. 예수님은 참된 사람이시다. 그분은 하나님의 아들이시다. 이후에 누가는 더 나아가 예수님이 광야에 나가 시험을 받으시는 이야기에서 이런 사실을 보여 준다.

예수께서 성령의 충만함을 입어 요단 강에서 돌아오사 광야에서 사십 일 동안 성령에게 이끌리시며 마귀에게 시험을 받으시더라. 이 모든 날에 아무것도 잡수시지 아니하시니 날 수가 다하매 주리신지라. 마귀가 이르되 네가 만일 하나님의 아들이어든 이 돌들에게 명하여 떡이 되게 하라. 예수께서 대답하시되 기록된 바 사람이 떡으로만 살 것이 아니라 하였느니라. 마귀가 또 예수를 이끌고 올라가서 순식간에 천하만국을 보이며 이르되 이 모든 권위와 그 영광을 내가 네게 주리라. 이것은 내게 넘겨 준 것이므로 내가 원하는 자에게 주노라. 그러므로 네가 만일 내게 절하면 다 네 것이 되리라. 예수께서 대답하여 이르시되 기록된 바 주 너의 하나님께 경배하고 다만 그를 섬기라 하였느니라. 또 이끌고 예루살렘으로 가서 성전 꼭대기에 세우고 이르되 네가 만일 하나님의 아들이어든 여기서 뛰어내리라. 기록되었으되 하나님이 너를 위하여 그 사자들을 명하사 너를 지키게 하시리라 하였고 또한 그들이 손으로 너를 받들어 네 발이 돌에 부딪치지 않게 하시리라 하였느니라. 예수께서 대답하여 이르시되 주 너의 하나님을 시험하지 말라 하였느니라. 마귀가 모든 시험을 다 한 후에 얼마 동안 떠나니라. 예수께서 성령의 능력으로 갈릴리에 돌아가시니 그 소문이 사방에 퍼졌고(눅 4:1-14).

태초에 아담이 그랬듯 예수님은 둘째 사람인 새 아담으로서 마귀에게 시험을 받으셨다. 아담이 겪었던 것과 정확히 같은 방식으로 하나님을 거역하고 자기 자신을 위해 위대한 것을 구하라는 유혹이었다. 그러나 에덴의 모든 영광과 완벽함에 둘러싸여 있었음에도 불구하고(분명히 그곳은 순종하기에 가장 완벽한 환경이었을 것이다) 아담이 비참하게 실패했던 그 지점에서 예수님은 승리하셨다. 예수님은 (아름다운 동산이 아니라) 광야에서, (풍성한 음식 없이) 굶주리는 가운데, (말 잘듣는 동산의 동물들이 아니라) 들짐승들 가운데서 시험을 받았음에도 불구하고 믿음을 지키셨다. 예수님이 시험을 받으신 광야는 아담이 있던 에덴동산의 환경과는 정반대였다. 하지만 예수님은 승리하셨다. 사탄은 두 번이나 예수님을 조롱했다. "네가 만일 하나님의 아들이라면, 내게 절하라. 그러면 네가 원하는 모든 것을 주겠다"(3, 9절 참조). 그것은 정확히 "악마요 사탄인 그 옛 뱀"(계 20:2, 새번역)이 아담과 하와에게 말했던 내용이다. 그러나 예수님은 거절하셨다. "기록된 바 주 너의 하나님께 경배하고 다만 그를 섬기라"(눅 4:8)고 말씀하셨다.

예수님은 하나님의 참된 아들이셨다. 그분은 참된 믿음의 순종으로 아버지 하나님께 순종하셨다. 그 후 우리는 예수님이 성령의 능력을 덧입고 갈릴리로 돌아오시는 장면을 읽게 된다(14절). 예수님의 삶을 보면 성령 안에서 성부 하나님과 끊임없이 소통하셨음을 알 수 있다. 다시 말해, 진실된 기도를 하셨다. 그랬기에 예수님은 나사로의 무덤 앞에서 이렇게 기도하실 수 있었다. "아버지여 내 말을 들으신 것을 감사하나이다 항상 내 말을 들으시는 줄을 내가 알았나이다"(요 11:41-42). 예수님은 요한복음 17장에 나와 있는 바와 같이, 어떤 상황에서든 하나님께서 자신의 기도를 들으시고 응답하실 것임을 의심치 않으셨다. 다락방에서 드린 그 위대한 기도에서 예수님은 절대적인 확신 가운데 추호의 의심 없이 하나님 아버지께 간구하셨다. 이 땅에서 드린 예수님의 모든 기도를 하나님께서 들으시는 이유는, 그분이 하나님의 참된 아들이기 때문이며, 하나님께서 원하신 바대로 아버지와 친밀하고도 지속적으로 교제하는 참되고 거룩한 사람이기 때문이다.

이 땅에서 드린 예수님의 기도는 그분의 "경건한 복종"(reverent submission, 히 5:7, 새번역)으로 말미암아 들은 바 되었다.

게다가 히브리서는 예수님이 영원히 살아 계셔서 자기 백성들을 위해 중보하시기 때문에 하늘에서 드리는 그분의 기도가 그들을 위해 들은 바 되었다고 말한다(7:25). 그분은 영원히 완전하게 되신 아들이기 때문이다(24, 28절).[9] 예수님은 승리하신 분이요 거룩하신 하나님의 아들이다. 그분은 마지막 아담이요 둘째 사람이며 새 사람이시다. 그분은 참된 사람이고, 따라서 하나님은 항상 그분의 기도를 들으신다. 하늘 아버지는 항상 그분의 기도를 받으신다. 그분의 기도를 퇴짜 놓는 일은 절대로 없다. 예수님은 하나님의 거룩한 아들이시고, 그분에게는 하나님께 나아갈 수 있는 무한한 권리가 있기 때문이다.

어느 날 존 F. 케네디 대통령이 귀빈 및 지도자들과 함께 대통령 집무실에서 회의를 하고 있었다. 무슨 일이 있더라도 회의를 방해하지 말라는 엄격한 지시가 백악관 직원들에게 떨어졌다. 누가 감히 대통령의 명을 거역한단 말인가? 그런데 대화와 협상이 한창 최고조에 이르렀을 때 갑자기 집무실 문이 활짝 열렸다. 모두가 놀랐다. 어린 아이였다. 아이는 곧장 대통령에게로 가서 그의 무릎에 뛰어올라 세상에서 가장 힘센 그를 끌어안았다. 대통령의 아들 존 F. 케네디 주니어였다. 다른 누구도 하지 못했을 일을 아이는 일말의 주저함 없이 할 수 있었다. 아이는 대통령에게 다가가는 특권을 누렸고, 아무도 아이가 아버지에게 가는 것을 막을 수 없었다.

"음, 제법 흥미로운 얘기로군." 당신은 이렇게 말할지도 모르겠다. "그런데 이 모든 일이 나와 무슨 상관이 있다는 말인지 모르겠네. 예수님에 관한 이 신학적인 이야기들이 대체 나의 기도 생활과 무슨 상관이 있다는 건가? 실제로 도움이 될 만한 내용을 듣고 싶은걸."

사실 그리스도인의 삶에 실제로 도움이 될 만한 내용은 신학에서 비롯된다. 신학이란 문자적으로 '하나님에 관한 이야기'이다. 우리 자신에 대한 모든 유용한 배움이 하나님에 관해 배우는 데서 나오기 때문이다. 당신은 이렇게 생각할는지 모른다. '예수님이 하나님 아버지께 제한 없이 나아갈 권한을 가졌다지만 그분의 참된 아들 되심이 나의 삶과 무슨 상관이 있는지 모르겠다. 나는 예수님이 아니다! 예수님처럼 기도할 수도 없다. 그런데 그게 내게 무슨 도움이 된단 말인가? 나와 무슨 상관이 있단 말인가?'

예수님에 관한 이 모든 (신학적) 이야기가 말하려는 것은, 그것이 우리 삶과 관련이 아주 많다는 것이다! 즉 우리도 예수님처럼 기도할 수 있다는 말이다. 이것은 사실이다. 우리는 예수님과 똑같이 하나님 아버지에게 나아갈 권리가 있다. 그리스도인이라면 말이다.

예수님으로 말미암아 우리도 하나님의 참된 자녀이다

복음에 따르면, 은혜로 인해 우리 또한 예수 그리스도로 말미암아 하나님의 자녀가 된다. 그것이 우리가 이해해야 할 두 번째 중요한 내용이다. 이 사실은 우리가 드리는 모든 기도의 근본을 이룬다.

  기도는 하나님께 사랑받는 거룩한 자녀만이 소유할 수 있는 특권이다. 기도는 친밀함이 드러나는 행위요 온 세상을 다스리는 보좌에 앉으신 하나님께 다가가는 것이다. 우리의 권한은 대통령의 아들이 가진 것보다 훨씬 더 강력하다. 마찬가지로 기도가 하나님과 친밀한 관계에 있는 자만이 특별한 권한으로 나아가는 것이라면, 아버지와 아들이라는 진짜 관계가 있지 않는 한 기도는 결코 일어날 수 없다. 관계가 진짜가 아니라면 기도는 가식적인 행위에 불과하다.

   세상에는 나를 "아빠"라고 부를 수 있는 사람이 딱 둘이 있다. 실제로 요즘에는 "아빠아아아~!"일 때가 더 많다. 세상 모든 아버지들이 느끼듯, 어린 자녀들이 당신을 "아빠"라고 부르는 시기는 정말 달콤하지만 너무나 짧기만 하다. 그런 다음에는 당신도 모르는 사이에 "아빠아아아~!"만 있는 단계로 들어간다. 성가신 존재가 돼 버린 아빠에게 무심하고 짜증이 난 십 대의 말투이다. 나는 어느덧 지금 그 단계에 들어와 있다. 얼마 전 누군가 내게 농담조로 앞으로 딸들에게 쭉 그런 소리만 듣게 될 것이라고 말해 주었다(상냥하게 "아빠!"라고 부르는 건 용돈이나 다른 뭔가가 간절히 필요할 때뿐이라나). 목소리 톤이야 어찌되었든 세상에서 나를 아빠라고 부를 수 있는 사람은 딱 둘이 있으니, 바로 나의 두 딸들이다. 내가 알지 못하는 누군가가 "아빠!" 하고 나를 부른다면 다른 누군가와 나를 착각해서일 것이다. 나의 진짜 자녀들만이 나를 아빠(아버지)라고 부를 수 있기 때문이다. 물론 입양을 통해 나의 진짜 자녀가 되는 경우에도 나를 아빠라고 부를 수 있다.

복음이 우리에게 말하는 바가 정확히 그것이다. 하나님께서 그분의 위대한 구속으로 말미암아 예수님과 연합된 사람들에게 행하신 일이 바로 그것이다. 그것은 사도 바울이 가르치고 있는 놀라운 진리이다.

> 이와 같이 우리도 어렸을 때에 이 세상의 초등학문 아래에 있어서 종 노릇 하였더니 때가 차매 하나님이 그 아들을 보내사 여자에게서 나게 하시고 율법 아래에 나게 하신 것은 율법 아래에 있는 자들을 속량하시고 우리로 아들의 명분을 얻게 하려 하심이라. 너희가 아들이므로 하나님이 그 아들의 영을 우리 마음 가운데 보내사 아빠 아버지라 부르게 하셨느니라. 그러므로 네가 이 후로는 종이 아니요 아들이니 아들이면 하나님으로 말미암아 유업을 받을 자니라(갈 4:3-7).

"아들의 명분"을 얻는 것, 곧 양자가 된다는 것은 한 아버지에게서 다른 아버지에게로 아들 됨이 법적으로 이전되는 것이다. 사도 바울이 말하듯 한때 우리는 세상의 노예였다. 혹은 바울이 에베소서 2장 2절에서 더 생생하게 묘사하고 있듯 공

중의 권세 잡은 자, 즉 마귀를 따르는 '불순종의 아들'이었다. 표현이 거칠다. 그렇지 않은가? 그러나 그것은 예수님이 사용하신 표현이다. 예수님께 속하지 않은 사람은 그들의 아비 마귀의 자식인 것이다(요 8:44). 바울이 말하듯 우리는 한때 그랬으나 지금은 '아들로 입양되었다.' 누구의 아들을 말하는가? 바로 하나님의 아들이다. 하나님은 그분의 아들 예수님을 보내어 우리로 하여금 예수님이 지닌 아들로서의 모든 신분을 얻게 하셨고, 그럼으로써 예수님이 가지고 계시던 특권들도 얻게 하셨다. 무엇보다 참된 기도 안에서 하늘 아버지께 친밀하게 다가갈 수 있는 놀라운 특권을 얻게 하셨다. 갈라디아서 4장 6절을 보라. "너희가 아들이므로 하나님이 그 아들의 영을 우리 마음 가운데 보내사 아빠 아버지라 부르게 하셨느니라." 그 아들의 영으로 말미암아 우리는 대통령 집무실 정도가 아니라 온 세상의 창조자이자 통치자요 심판자이신 분의 집무실로 들어가는 권리를 보장받는다.

우리는 모두 믿음으로 말미암아 하나님의 아들이 되었다(갈 3:26). 단순히 자녀일 뿐만 아니라 아들이요 온전한 상속자이다. (남녀의 성을 구분하려는 게 아니라 신분에 대해 말하는 것이다. 단순히 누구누구의 자녀가 아니라 법적 권한이 있는 아들이 되었음을 강조한다. 우리 모두가 첫 열매이신 예수님의 온전한 상속권을 공유한다는 점이 중요하다.)[10] 그리스도와 연합하여 세례를 받은 모든 사람은 "그리스도로 옷 입었[다]"(27절). 그리스도의 위격에 따른 옷, 다시 말해 아들의 신분을 얻게 되었다. 아들 됨은 우리가 남자이든 여자이든 상관없는 일이다. 우리는 하나님의 아들 예수님과 연합했고, 그것은 예수님이 본래 가지고 계시던 모든 권리가 양자 됨을 통해 이제는 우리의 것이 되었다는 의미이다. 그것이 우리가 기도하는 이유이다. 예수 그리스도 안에서 우리는 모두 하나님의 아들들이다. 하나님이 우리를 양자 삼으셨고, 이제 우리 모두가 독생자 예수님의 아버지 하나님 앞에서 특별하고 특권적이며 합법적인 신분을 함께 누리고 있다.

명심해야 할 요점은 이것이다. 즉 하나님께서 당신과 나의 기도를 들으시는 것은 우리의 신실함 때문이 아니라 우리의 신분 때문이라는 것이다. 우리는 하나님의 아들들이다. 그것은 하나님께서 우리의 기도를 듣지 못하실 수 없다는 뜻이다. 우리가 하나님의 아들이라는 것, 그것이 복음의 진리이다. 우리가 그리스도 안에 있는 한 하나님은 우리의 기도를 듣지 않으실 수 없다. 때때로 그 사실을 느끼지 못하거나 사실이 아닌 것처럼 느껴진다면, 그것은 단지 우리가 그 사실을 명백히 가르치고 있는 복음을 믿지 못하기 때문이다. 하나님 앞에서 의롭다 하심을 얻은 우리의 신분을 믿지 못하는 것이다. 예수 그리스도를 믿음으로 우리의 것이 된 양자로서의 법적 신분을 믿지 못하는 것이다. 그 신분은 실제로 우리의 것이고, 그로 인해 모든 것이 바뀌었다.

양자 이미지와 관련해 나는 항상 찰톤 헤스톤의 멋진 옛 영화 〈벤허〉가 생각난다. 세실 B. 데밀 감독의 〈십계〉에서 모세로 나오기도 한 그가 은막에 나오는 성경의 영웅들 대부분을 연기한 영향 때문인지 몰라도, 어쩌면 당신도 나처럼 성경의 많은 영웅들이 찰톤 헤스톤처럼 생겼을 것이라고 생각하며 자랐는지 모르겠다. 한동안은 벤허가 성경 인물이라고 생각했던 적도 있다. 벤허 역시 찰톤 헤스톤이 연기했기 때문이다. 어쨌든 그 영화에서(아직 보지 않았다면 꼭 보기 바란다) 유다 벤허는 로마 갤리선의 노예가 된 히브리인 반역자이다. 배가 난파한 후 그는 로마 장군인 선장을 구하고, 선장은 감사의 의미로 그를 아들로 입양한다. 그로 인해 모든 게 바뀌었다. 한때 로마 갤리선의 노예였던 자가 이제 화려한 로마인의 옷 토가를 입고 양아버지 가문의 반지와 인장을 지닌다. 처음에 그는 이 엄청난 변화를 믿을 수 없었다. 하지만 손가락에 낀 인장, 즉 그의 새 이름과 가문의 권위, 새로운 특권과 영예가 새겨진 반지는 그것이 사실임을 그에게 상기시켜 주었다. 그는 진짜 로마인이 누리는 모든 특권을 가진 진짜 로마인이 되었다.

그런 일이 그리스도인에게 일어났다. 우리는 기도할 수 있고, 하나님은 우리의 기도를 들으신다. 그 근거는 우리가 행한 일이 아니라 하나님의 가족에 입양된 아들이 누리는 특권에 있다. 그러므로 기도할 때 확신을 갖는 것은 뻔뻔한 일이 아니다. 그것이 믿음이다. 그것은 다만 주 예수 그리스도와 그분이 이루신 위대한 구원에 영광을 돌리는 일이다. 그 구원은 하나님께서 풍성한 자비하심으로 우리에게 베푸신 것이다.

자신이 쓸모없는 사람이기 때문에, 죄를 지었음을 알기 때문에, 부끄러운 짓을 했기 때문에 도저히 기도할 수 없을 것만 같을 때가 있을지 모른다. 하지만 죄 있음이 곧 하늘 아버지께 기도할 수 없음을 의미한다고 믿는다면, 당신은 지금 주 예수 그리스도와 그분이 당신을 위해 하신 모든 일들을 지독히 모욕하는 죄를 더하고 있음을 알아야 한다. "나는 글러먹은 사람이기 때문에 하나님께 기도할 수 없다"라고 말한다면, 당신은 실제로 이렇게 말하는 것과 같다. "예수님, 예수님은 제가 하나님께 영원히 받아들여지도록 하기 위해 십자가에서 죽으셨지만 그걸로는 충분치 않네요. 하나님이 제 기도를 정말로 듣게 하시려면 뭘 좀 더하셔야겠어요."

그거야말로 신성모독적인 발언이며 그리스도의 십자가를 아무것도 아닌 양, 당신의 죄를 없이 하기에 불충분한 것인 양 취급하는 것이다. 그거야말로 우리가 너무나 많이 저지르는 죄가 아니던가? 우리는 하나님께 받아들여짐에 대한 확신의 근거를 우리의 행위에서 찾을 때가 많다. 하나님 앞에 제대로 설 근거도 우리의 행위에서 찾는다. '이번 주에 나는 정말 선하고 신실했는가? 어떻게 해서든 죄에 맞섰는가? 하나님께 영광을 돌리기 위해 하고 싶었던 일을 모두 했는가?'라고 자문하고선 '그래, 그만하면 한 주를 꽤 잘 보낸 거지. 그러니 하나님이 오늘 내 기도를 들으시고 응답하실 거야'라고 느낀다면, 그제서야 당당히 기도할 마음을 품는다.

아니면 이렇게 생각할 수도 있다. '오랫동안 뜨겁고 진지하게 기도하면 하나님이 분명 기도를 들으시겠지. 나는 진짜 기도의 용사가 되는 거고. 하루종일 금식기도를 하고 철야기도나 그와 비슷한 뭔가를 하면 하나님이 기도를 들어주실 거야.' 친구여, 그것은 복음을 믿는 게 아니라 부인하는 것이다.

예수님은 그것을 가리켜 경건함이 아니라 이방인의 신앙이라고 말씀하신다. 마태복음 6장에서 예수님은 우리에게 중언부언하며 많은 말로 기도하지 말라고 말씀하신다. 그것은 이방인이 하는 일이다. 그들은 말을 많이 해야, 인상적인 표현을 동원해야 신이 들을 것이라고 생각한다. 하지만 그들은 모두 틀렸다. 완전히 헛다리를 짚었다! 그러한 특권을 누리기 위해서는 훨씬 더 간단한 비결이 있으며 그것은 하나님의 양자가 되는 것이라고 예수님은 말씀하신다. 예수님은 다만 하늘에 계신 우리 아버지께 기도하라고, 그저 감사를 드리고 필요한 것을 아뢰라고 하시고, 그러면 하나님께서 우리의 기도를 들으실 것이라고 말씀하신다.

하나님은 우리의 기도를 들으신다. 아들이 하는 기도를 듣지 않으실 수 없다. 우리는 그리스도로 옷 입었다. 예수님의 의로운 옷을 입고 아버지께 나아간다. 그 아들의 영도 우리 안에 계시면서 우리가 "아빠 아버지!"라고 부를 때 더불어 부르짖으신다. 하나님께서 우리의 기도를 들으시면서 아들의 음성을 들으시는 것이다. 하나님은 참으로 우리의 아버지이시다. 그것을 의심하거나 사실이 아닌 양 행동한다면, 복음의 진리 자체를 부정하는 것이다. 하나님은 우리의 신실함이 아니라 예수님의 크신 신실함을 보시고 우리의 기도를 들으신다. 우리가 그럴 만한 일을 해서가 아니라 예수님이 하신 일로 인해 우리의 기도를 들으신다. 우리의 완전함이 아니라 예수님의 놀라운 완전함을 보시고 우리의 기도를 들으신다.

그러므로 우리는 기도할 때마다 예수님과 예수님의 아들 됨 그리고 예수님이 가지고 계신 특별하고 특권적인 신분을 놀랍게도 우리가 함께 나누고 있음을 늘 떠올려야 한다. 특히 의심이 엄습할 때 그렇게 해야 한다. 기도할 때 우리는 너무나 자주 의심을 한다. '하나님이 정말 내 기도를 들으실까? 실제로 어떻게 들으시는 거지? 난 너무 부족하고 죄가 많아. 너무 경건치 못해, 기도의 용사 같은 면이라곤 눈곱만큼도 없어. 그러니

내 기도를 듣지 않으실 거야.'

하지만 복음은 그렇지 않다고 말한다! 복음은 우리를 우리 자신과 우리가 충분히 선하고 신실한가의 문제에서 떠나도록 이끈다. 이렇게 말하며 자기 자신에게로 시선을 두지 말라. "좀 더 기도했어야 하는데. 정말 열심히 기도해야 하는데." 사실 우리 모두는 더욱 기도할 필요가 있다. 하지만 거기에 초점을 맞추기 시작하면 확신을 품고 기도하지 못하게 된다.

기도할 때면 자기 자신에 관해 생각지 말라. 주 예수 그리스도를 생각하라. 그분이 당신에게 늘, 늘, 늘 얼마나 신실하신가에 관해 생각하라. 그분이 눈에 보이는 믿음에 있어 하늘 아버지께 얼마나 한결같이 순종하셨는가를 생각하라. 예수님은 당신을 위한 이 땅의 삶에서 한결같으셨다. 그리고 복음을 말하자면, 그분은 지금도 한결같이 당신을 위해 하늘에서 중보하고 계신다. 그분은 우리를 위해 중보하시는 영원한 대제사장이시다. 우리가 그리스도로 옷 입었음을 기억하라. 하나님의 아들로 입양되었음을 기억하라. 그 아들의 영께서 우리 마음속에서 "아빠 아버지!"라고 우리와 더불어 부르짖고 계심을 기억하라. 그러니 우리의 기도가 어떻게 하나님께 들리지 않을 수 있겠는가? 하나님께서 그 기도를 반드시 들으신다.

복음의 진리는 "아버지여…항상 내 말을 들으시는 줄을 내가 알았나이다"(요 11:41-42)라고 예수님이 말씀하신 바를 당신이 말할 수 있고, 내가 말할 수 있으며, 우리가 말해야 한다는 것이다. 우리는 예수님 안에서 하나님의 아들이기 때문이다. 그래서 기도한다. 우리는 아버지를 모르는 사람들처럼, 대통령을 한번 만나보겠다고 온갖 수단을 동원하여 소란을 피우는 사람들처럼 기도할 필요가 없고, 그렇게 해서도 안 된다. 그냥 그분이 계신 방으로 곧장 들어가면 된다. 하나님을 감동시켜 우리의 기도를 들으시게 하겠다는 소망으로 기도해서도 안 된다. 인상적인 의식과 오랜 시간, 화려한 언어 등으로 채운 이방인의 기도를 해서는 안 된다! 주 예수 그리스도로 말미암아 하나님의 아들이 되었음을 아는 한 우리는 확신을 품고 나아갈 수 있다. 친밀하게 나아갈 수 있다. 항상 사랑 많으신 우리 하늘 아버지께 나아갈 수 있다. 예수님으로 말미암아, 하나님이 영원히 우리에게 아버지가 되시기 때문이다.

수년 전 딸 아이가 내게 자기를 위해 어떤 일을 해달라고 조른 적이 있다. 나는 마지못한 척하며 이렇게 말했다. "글쎄, 왜 내가 그래야 하지? 내가 바쁜 일도 제쳐 놓고 너를 위해 나설 만한 이유를 대보렴." 아이는 나를 설득할 만한 논리 정연한 이유를 찾다가 금세 시무룩해졌다. 그러다가 마침내 이렇게 말했다. 아주 단순하게. "음, 왜냐하면…왜냐하면…왜냐하면…아빠니까 그렇죠!" 이상하게도 아이가 그렇게 말한 이상 나는 그 꼬마 숙녀의 부탁을 물리칠 수 없었다.

우리 하늘 아버지도 그러하시다. 예수님과 연합한 우리의 기도를 하나님은 듣지 않으실 수 없다. 우리가 무슨 일을 했는가는 중요치 않다. 우리가 무슨 일을 하지 않았는가도 중요치 않다. 우리는 하나님의 아들이기 때문에 기도한다.

주 예수 그리스도, 우리의 맏형이 기도 문제에 있어 하나님 아버지에 관해 우리에게 하신 말씀을 잘 들어보라.

내가 또 너희에게 이르노니 구하라. 그러면 너희에게 주실 것이요. 찾으라. 그러면 찾아낼 것이요. 문을 두드리라. 그러면 너희에게 열릴 것이니 구하는 이마다 받을 것이요 찾는 이는 찾아낼 것이요 두드리는 이에게는 열릴 것이니라. 너희 중에 아버지 된 자로서 누가 아들이 생선을 달라 하는데 생선 대신에 뱀을 주며 알을 달라 하는데 전갈을 주겠느냐. 너희가 악할지라도 좋은 것을 자식에게 줄 줄 알거든 하물며 너희 하늘 아버지께서 구하는 자에게 성령을 주시지 않겠느냐 하시니라(눅 11:9-13).

그런 분이 우리의 하늘 아버지이시다. 그리고 우리는 그런 하나님의 아들이기 때문에 기도한다.

묵상 또는 나눔을 위한 질문

1. 신자와 비신자를 막론하고 사람들은 기도에 대해 어떤 오해를 하고 있는가? 당신도 믿음 없이 기도한 적이 있는가? 그때 당신이 기도에 대해 잘못 생각했던 점이 무엇인가?

2. 신자가 기도로 하나님 앞에 나아갈 때 알아야 할 근본적인 진리는 무엇인가? 하나님이 당신의 기도를 들으시리라고 어떻게 확신할 수 있는가?

3. 우리 대부분은 바닷물이 들고나는 듯한 기도 생활을 하고 있다. 하나님을 가깝게 느끼고 자주 기도할 때가 있는가 하면, 기도가 벽에 막혀 더는 멀리 가지 않는 것 같을 때가 있다. 당신은 어떤 환경에서 하나님과 깊이 교제하는 시간을 갖게 되는가? 어떤 환경에서 기도 생활이 건조하게 느껴지는가? 이와 관련해 기도를 새롭게 실천할 수 있는 방안을 생각해 보라.

4. 이 땅에서 예수님이 기도하신 모습을 묘사한 성경 구절들을 다시 읽어 보라. 그 말씀들에서 배울 점은 무엇인가? 그리스도의 삶을 공부하면서 기도에 대해 배울 점은 무엇인가?

5. 때때로 우리는 기도의 확신을 갖지 못한다. 자신은 기도할 자격이 없는 사람이라고 생각하기 때문이다. 아니면 자신의 영적 삶이 정상궤도에서 벗어났다고 생각하기 때문이다. "나는 기도하기에는 죄가 너무 많고, 하나님께 다가가려면 이러이러한 일을 해야 한다"는 말은 왜 신성모독적인 발언인가? 그런 생각이 어떻게 그리스도가 십자가에서 이루신 일을 폄

훼하는 것인지 설명해 보라.

6. "기도할 때면 자기 자신에 관해 생각지 말라. 주 예수 그리스도를 생각하라. 그분이 당신에게 늘, 늘, 늘 얼마나 신실하신가에 관해 생각하라"고 저자는 말한다. 자기 자신에 대해 너무 많이 생각할 때 기도 생활에 어떤 일이 일어나겠는가? 오직 예수님만 생각할 때 기도 생활에 어떤 변화가 일어나겠는가?

"어찌하여 열방이 분노하며

족속들이 허사를 경영하였는고

세상의 군왕들이 나서며

관리들이 함께 모여

주와 그의 그리스도를 대적하도다 하신 이로소이다."

…

과연 헤롯과 본디오 빌라도는 이방인과 이스라엘 백성과 합세하여 하나

님께서 기름 부으신 거룩한 종 예수를 거슬러

하나님의 권능과 뜻대로 이루려고 예정하신 그것을 행하려고

이 성에 모였나이다.

사도행전 4:25-28

3
하나님이 주권자이시기 때문에 우리는 기도한다

그냥 기도하라고 권면하기보다는 기도가 실제로 무엇이고, 왜 존재하며, 대체 그것이 어떻게 가능한가를 설명하는 방식으로 기도라는 주제에 접근하는 것이 훨씬 더 격려가 된다. 우리 자신에게 초점을 맞추는 대신 하나님께 초점을 맞추기 때문이다. 하나님이 하신 일과 하나님이 어떤 분이신지에 대해 생각하는 것은 우리 자신에 대해, 우리가 이룰 수 없는 모습에 대해, 우리가 하지 않는 일에 대해 그리고 우리가 분발해야 하는 일에 대해 생각하는 것보다 언제나 훨씬 더 힘나는 일이다.

우리는 하나님이 말씀하는 하나님이시기 때문에 우리가 기도한다는 점을 살펴보았다. 하나님은 우리를 부르시고, 우리는 응답한다. 우리가 반역하고 한눈을 팔아도 하나님은 침묵하지 않으신다. 하나님은 주 예수 그리스도 안에서 우리를 지극하게 부르시고, 우리는 믿음으로 귀에 들리도록 그분에게 응답한다. 기도하는 것이다.

또 우리가 하나님을 우리의 하늘 아버지라고 부르며 기도할 수 있는 것은 우리가 하나님의 가족으로 입양되었기 때문이다. 우리는 우리 마음에 계신 예수 그리스도의 영으로 말미암아 하나님의 아들이 되었다. 우리는 언제든지 아버지의 임재 앞으로 나아갈 수 있는 고유한 특권을 함께 누린다. 대통령의 아들처럼 우리 역시 전능하신 하나님의 아들로서 아버지께 말씀드리기 위해 아무 제지도 받지 않고 하늘의 집무실로 들어갈 수 있다. 문에 "방해하지 마시오!"라는 푯말이 아무리 크게 붙어 있어도 상관없다. 우리는 예수 그리스도 안에서 하나님의 아들이 되었기 때문에 기도한다.

우리가 기도하는 세 번째 이유는 왜 우리의 기도가, 시간 속에서든 영원 속에서든, 무의미하지 않고 효력이 있으며 분명한 목적이 있는지 설명한다. 즉 우리는 하나님이 주권적인 하나님이시기 때문에 기도한다.

주권자이신 하나님

하나님이 주권자이시라는 논리가 기도의 세 번째 이유라고 하면, 처음에는 잘 수긍이 가지 않을지도 모르겠다. 사람들에게 하나님의 주권은 실제로 기도하지 않을 이유이지 기도에 격려가 되는 것 같지 않을 때가 많기 때문이다. 그리스도인들은 종종 이렇게 이야기한다. "보세요. 하나님이 주권자이시라고요? 그러면 하나님이 모든 일을 알고 계실 뿐만 아니라 모든 것의 결국을 이미 결정하셨다는 건데 대체 왜 우리가 기도해야 하지요? 하나님께서 모든 일을 절대적으로 결정하고 통제하시는데 뭐하러 기도를 합니까? 주권자이신 하나님께 기도하는 의미를 찾을 수가 없군요."

글쎄, 잠시 그 문제를 뒤집어 이렇게 생각해 보면 어떨까. 하

하나님께서 모든 일을 결정하고 통제하지 않으신다면, 이 세상이든 어디든 존재하는 모든 권력과 권세들을 다스리는 절대 주권자가 아니시라면, 우리가 뭐하러 기도를 하겠는가? 뭐하러 하나님께 이런 일들을 해달라, 저런 일들을 이뤄 달라 간구하겠는가? 우리가 간구하는 일들을 하나님께서 하실 수 없다면 뭐하러 기도를 하겠는가? 하나님이 주권자가 아니시라면 기도는 현실적으로 아무 의미가 없다. 그렇지 않은가? 말그대로 주권적이지 않은 하나님께 드리는 기도는 진짜 쓸데없는 수고에 지나지 않는다.

법을 바꾸기 위해 영국 총리 관저의 정원사에게 로비를 해봐야 아무 소용이 없다. 그는 아무 영향력이 없기 때문이다. 특별한 만찬에서 정원사의 옆자리에 앉기 위해 돈을 기부하는 사람은 아무도 없다. 하지만 사람들은 총리 관저의 입주자, 즉 영국 총리와 그의 내각에 접근하기 위해 애를 많이 쓴다. 정확히 말하자면, 총리에게는 그의 각료들과 더불어 국정을 운영하는 권력과 권한이 있기 때문이다. 모두가 그 사실을 알고 있고, 그래서 사람들은 그에게 다가가고 싶어한다. 하나님의 경우도 마찬가지이다.

초대 교회는 그 점을 아주 명확히 알았고, 그래서 사도행전 4장에 나오는 것과 같이 기도했다. 그들은 세상 모든 권세들의 단합된 반대에 부딪히자 주권자이신 하나님께 기도했다. 사도행전 4장 24절은 이렇게 말한다. "그들이 듣고 한마음으로 하나님께 소리를 높여 이르되 대주재여…." '대주재'(Sovereign Lord)란 하나님이 "천지와 바다와 그 가운데 만물을 지은" 하나님이시고, 장차 일어날 일에 대해 정확히 선지자들을 통해 오래 전에 말씀하셨던 하나님이시라는 의미이다. 그 말씀에는 여기 사도행전에서 인용된 시편 기자 다윗의 말도 포함된다. 성경은, 세상에서 가장 자연스러운 일로서, 교회가 절대 주권자이신 하나님께 긴급하게 간청의 기도를 드렸음을 전하고 있다. 그 하나님은 어떤 일이 있어도 "[자신의] 권능과 뜻대로 이루려고 예정하신 그것을"(28절) 행하실 분이다.

그런데 믿음과 관련해 다른 많은 영역에서 그러한 것처럼, 우리는 여기에서도 한 가지 문제를 보게 된다. 성경이 말하는 바가 비논리적으로 보인다는 점이다.[11] 하나님이 참으로 주권자이시라면, 그래서 모든 일을 예정하고 주관하신다면, 우리가 우리의 행위에 전적으로 책임을 져야 한다는 말은 수긍이 가지 않는다. 정말 우리가 자신의 행위에 대해 철저히 그리고 전적으로 책임을 져야 한다면, 어떻게 하나님께서 모든 영역에서 철저하게 주권자이실 수 있는가? 앞뒤가 맞지 않는 말 같다. 논리상 문제가 있어 보인다. 하지만 성경은 그것이 하나님의 논리가 아닌 우리의 논리가 지닌 문제라고 말한다. 하나님의 생각은 우리의 생각보다 높고, 그분의 지식은 우리의 지식보다 한없이 더 크다. 이것은 유한한 존재로 창조된 우리 사람이 하나님의 주권을 온전히 헤아릴 수 없음을 필연적으로 의미한다.

> 이는 하늘이 땅보다 높음 같이
> 내 길은 너희의 길보다 높으며
> 내 생각은 너희의 생각보다 높음이니라(사 55:9).

우리는 하나님의 주권을 온전히 이해할 수 없다. 이유는 간단하다. 사람의 한계를 넘어서는 문제이기 때문이다. 이해할 수 없다고 해서 진실이 부정되는 것은 아니다. 사도행전 4장은 하나님의 대적들이 예수님을 죽이는 데 있어, 그 일이 하나님께서 이미 주권적인 권능으로 예정하신 바이지만, 그럼에도 그 안에 비논리적인 부분이 있다는 견해를 조금도 내비치지 않는다. 그들은 "합세하여…거룩한 종 예수를 거슬러 하나님의 권능과 뜻대로 이루려고 예정하신 그것을 행하려고… 모였[다]"(27-28절).

우리는 논리적인 모순을 지적할지 몰라도, 성경은 그 일에 대해 아무 문제를 제기하지 않는다. 그 일은 우리의 유한하고 3차원적인 이해를 훨씬 넘어서는 더 높고 신성한 지식과 맞닿아 있기 때문이다. 그러니 우리가 온전히 이해할 수 없는 게 당연하다. 이해할 수 있다면 우리가 신적인 존재라는 뜻이 된다! 그러나 우리는 신이 아니라 사람이다. 우리는 하나님이 아니기 때문에 가질 수밖에 없는 한계를 인정하고, 비록 그 사실로 인해 자신이 아무리 초라해질지라도 이를 받아들여야 한다.[12]

여전히 이렇게 생각하는 사람이 있을 수 있다. '정말 못마땅하군!' 회의주의자는 분명히 이렇게 말할 것이다. "그건 기독교인의 전형적인 핑계요. 말도 안 되는 소리지! 논리를 대지 못하니 설명할 수 없는 일이라며 빠져나가고 신비라는 단어 뒤로 숨는 것 아니오?" 무신론자 철학자 앤서니 그레일링이 최근에

한 라디오 방송에서 정확히 그렇게 말했다. "아, 당신은 기독교인이군요. 빠져나가고 신비 뒤로 몸을 숨기는…." 리처드 도킨스도 비슷한 말을 하고 그런 글을 썼다.

그렇다면 빠져나가고 신비 뒤로 숨는 것이 우리가 더 높은 차원의 논리에 대해 말할 때, 즉 가장 위대한 '이 세대의 지혜'조차 감당하지 못하는, '사람의 지혜'를 훨씬 뛰어넘는 '하나님의 감추어진 지혜'를 말할 때 행하는 일이란 말인가?(고전 2:5-8 참조)

아니다. 우리는 그러지 않는다. 사람이 이해할 수 없고 사람의 수준을 넘어서는 일들이 있음을 말할 때, 우리는 다만 '겸손'의 자세를 취할 뿐이다. 다만 우리가 사람으로서 전지(모든 것을 알고 있음)하지 않음을 말하려는 것이다. 무언가를 온전히 이해하지 못하는 한 함부로 예단할 만큼 오만하지 않음을 말하려는 것이다. 그것이 진실하지 않을 수 있기 때문이다. 대조적으로 앤서니 그레일링과 리처드 도킨스 및 그밖의 무신론자들은 이렇게 말하는 듯하다. "나의 이해를 넘어서는 일, 나의 이성적 능력을 넘어서는 일은 진짜가 아닐 수 있다." 당신은 어떻게 생각할지 모르겠지만, 나의 이해를 넘어섬에도 불구하고 진실인 일들이 많이 있다. 나는 상대성 원리를 이해하지 못한다. 아마 당신도 그럴 것 같다(상대성 원리를 이해하는 독자가 있을 수 있으나 그리 많지는 않을 테니). 나는 특수 상대성 원리는 물론이고 일반 상대성 원리도 이해하지 못한다. 그렇다고 해서 그 원리를 전적으로 거부하지는 않는다. 내가 앨버트 아인슈타인이나 그와 같은 다른 사람들을 신뢰할 이유는 충분하다. 그것이 나의 수학 실력이나 물리 실력을 넘어서는 일이라 하더라도 말이다. 나는 나의 지성보다 더 높은 지성이 충분히 작용할 수 있음을 인정한다.

겸손이란 우리가 살아가는 모든 다양한 상황에서 다양한 방식으로 필요한 덕목이다.

더운 날 엄마에게 아이스크림을 달라는 한 어린아이를 생각해 보라. 아이는 엄마가 자신을 사랑하는 줄 안다. 그래서 자기에게 아이스크림을 줄 것이라고 생각한다. 실제로 아이는 그런 믿음을 가지고 있을 만한 근거가 충분하다. 전에도 자주 이런 상황을 정확히 경험해 보았기 때문이다. 아이의 순진한 생각에 그것은 매우 논리적이다. 하지만 아이가 계속해서 아이스크림을 더 달라고 요구한다면 엄마가 "안 돼, 더 먹으면 안 돼!"

라고 말하는 순간이 올 것이다. 그때 아이는 화를 내고 어쩌면 울음을 터트릴 수도 있다. 아이의 작은 뇌는 이렇게 생각할 것이다. '논리에 맞지 않아. 왜 엄마는 아이스크림을 더 주지 않는 거야? 나를 사랑하지 않나?' 하지만 그것은 아이의 논리를 넘어서는 일이다. 아이의 논리는 말한다. "아이스크림이 하나 있으면 좋지. 두 개 있으면 더 좋고. 그런데 세 개는 왜 안 된다는 거지?"

여기에서 아이의 제한된 이성보다 더 높은 논리가 작용하기 때문이다. 바로 엄마의 논리이다. 엄마에게는 사랑과 보호 기제가 작동되는 분별력이 있다. 그 분별력은 아이의 응석을 마냥 받아주는 것과는 거리가 멀다. 계속해서 아이스크림을 주면 아이가 단기적으로는 배앓이를 할 것이고, 장기적으로는 살찌기가 쉬울 것임을 알기 때문이다. (엄마의 논리에 감사한다. 아빠의 논리는 언제나 그렇지는 않다. 대개는 한두 개 정도 더 먹는 것이 허용된다. 특히 아빠도 아이스크림을 먹는 경우에 그러하다.)

이와 동일한 원리를 우리가 하나님을 이해하는 일에 적용할 수 있다. 처음부터 정해져 있기를, 하나님이 하나님이시고 우리가 피조물이요 그분의 자녀라면, 때때로 하나님의 선하고 완전한 지혜를 우리가 간파하기가 전혀 불가능할 수 있다. 그럴 때면 하나님께서 하시는 일이 모든 이성이 붕괴된 듯 비논리적인 일처럼 보일 수 있다. 실상 그것은 하나님의 완전한 지식과 무제한적 경험과 대조되는 우리의 불완전한 지식과 제한된 경험에서 비롯되는 문제이다.

우리는 하나님의 논리를 판정할 수 없다. 대신에 다만 성경이 아무런 난처함 없이 이러한 문제들을 다루고 있음에 대해 생각하고, 성경이 우리에게 계시하는 하나님의 지혜를 겸손히 신뢰하기 위해 노력해야 한다. 우리가 모든 일을 다 이해할 수 없다고 해서 그것이 진실이 아닐 수 있음을 의미하지 않는다. 어떤 한 일이 동시에 또 다른 일에도 진실일 수 있음을 우리가 항상 볼 수 없다 할지라도 말이다. 때때로 우리는 스스로 적절히 헤아릴 수 없는 어떤 일이 진실임을 온전히 믿는다는 말을 누군가에게 듣는다. 분명 그런 환경에서 할 수 있는 논리적인 일은, 그것이 실은 진실임을 믿고 진실로 받아들일 만한 충분한 근거가 있음을 신뢰하는 것이다. 그리스도인에게 이런 원리를 비슷하게 적용할 수 있다. 성경이 명백히 모순되는 두 가지 일이 그럼에도 불구하고 진실임을 말할 때, 그리고 하나님의 모든 말씀을 신뢰하시는 주 예수 그리스도를 우리가 인격적으로 받아들일 때, 우리는 불필요한 의심 없이 하나님을 신뢰할 수 있다.

생각해 보면 우리는 하나님의 말씀에 훨씬 못 미치는 권위에 기반한, 매일 경험하는 모든 종류의 다른 방식들에서도 그런 일을 해야 한다. 최근에 라디오에서 물리학 분야의 놀라운 발전에 관해 토론하는 방송을 들었다. 그때 과학자들은 빛이 파동과 입자 형태 둘 다로 존재한다는 것을 마침내 알아냈다고 말했다. 그것은 일반 사람들에게 분명 상상할 수 없는 일이었다. 나 역시 내가 실제로 그 이치를 이해했다고 생각지 않는다. 어떻게 빛이 입자로 이루어져 있으면서 또한 파동일 수 있단 말인가? 어쩌면 당신은 그 일을 이해하고 설명할 수 있을는지 모르겠다. 하지만 특출나게 영민한 과학자라 하더라도 그 명백한 모순을 이해하려면 오랜 시간이 걸리고, 이해하는 것 자체가 대단한 발전인 게 사실이다. 나는 여전히 그 일을 온전히 헤아리지 못한다. 하지만 그것이 진실이기 때문에 비행기가 하늘을 날고, 우주선이 달나라에 가고, 그밖의 기이한 일들이 일어날 수 있다고 믿는다.

비슷한 이치로, 성경은 우리에게 말한다. 하나님이 전적으로 주권자이시며, 동시에 사람인 우리가 전적으로 하나님 앞에서 우리의 행동에 책임을 져야 한다고 말이다. 나는 그 일을 온전히 헤아릴 수는 없지만, 예수 그리스도와 사도들을 믿고 신뢰하기에 그것이 진실임을 충분히 믿는다. 어떻게 성경이 더 높은 하나님의 주권에 대한 지혜를 기도에 대한 우리의 생각에 적용하는지 좀 더 구체적으로 살펴보겠다. 그러나 먼저, 구원에 적용되는 하나님의 주권 논리가 어떻게 더 일반적으로 적용될 수 있는지 간단히 생각해 보겠다.

구원에 작용하는 하나님의 주권 논리

이미 살펴보았듯, 기도는 간단히 말해 구원 받았음을 드러내는 한 표현이다. 기도가 회복되려면 하나님과 진실하고 바른 관계가 필수적으로 회복되어야 한다. 하나님과의 관계 회복이 구원, 즉 하나님의 임재 속에서 누리는 영원한 생명이다. 그러니 주권자이신 하나님과 관련된 모든 일에서 우리의 기도가 어떤 의미 있는 역할을 하는지에 대한 질문은, 실제로 하나님이 주권자이신데 우리가 우리 믿음에 책임을 져야 하는 것에 대한 질문의 부분집합이라 하겠다. 보다 큰 이 질문이 문제가 될 때가 많다. 틀림없이 모순처럼 보이는데, 성경은 두 가지 일 모두가 진실이라고 분명히 밝히고 있기 때문이다.

먼저, 성경은 우리가 우리의 죄에 책임을 져야 한다고 아주 명확히 밝히고 있다. 우리는 회개해야 한다. 회개하라는 복음의 명령에 응답할 책임이 있다. 그것은 예수님이 지상 사역을 시작하실 때 되풀이해서 강조하신 메시지였다. "이때부터 예수께서 비로소 전파하여 이르시되 회개하라 천국이 가까이 왔느니라 하시더라"(마 4:17). 그것은 예수님을 따르는 사도들이 전한 메시지이기도 했다. 오순절에 베드로는 이렇게 외쳤다. "너희가 회개하여 각각 예수 그리스도의 이름으로 세례를 받고 죄 사함을 받으라"(행 2:38). 사도들은 사역하는 내내 같은 메시지를 되풀이해서 선포했다. "회개하라! 죄에서 돌이키라!" 그 명령에 의문의 여지는 전혀 없다.

하지만 다음으로, 성경은 하나님께서 주권자의 능력으로 우리를 회개하도록 하시지 않으면 우리가 명령받은 바로 그 일을 할 수 없다고 동일하게 확실히 밝히고 있다. 회개는 하나님만이 주실 수 있다는 것이다. 사도행전 5장 31절은 하나님께서 자기 백성들에게 "회개함과 죄 사함을 주시려"고 예수님을 높이셨다고 말한다. 바울은 구원의 과정을 설명하면서 에베소서 2장 1절에서 간단명료하게 말한다. "그는 허물과 죄로 죽었던 너희를 살리셨도다." 죽었던 사람들은 스스로 살아날 수 없다. 그렇지 않은가? 그들은 아무 일도 할 수 없다. 오직 하나님의 능력만이 그 일을 할 수 있다. 예수님이 직접 말씀하신 것처럼 "죽은 자들이 하나님의 아들의 음성을 들을 때가 오나니 곧 이때라 듣는 자는 살아나[는]"(요 5:25) 일은 오직 하나님의 주권적인 부르심이 있어야 가능하다. 참된 회개는 오직 구원의 은혜에서 비롯된 하나님의 전적으로 주권적인 부르심을 통해서만 할 수 있다. 여기에는 의심의 여지가 전혀 없다.

성경적인 관점에서 보자면, 두 가지 모두 맞는 말이다. 하나님이 정말 주권자이시기 때문에 사람들을 구원으로 부르셔야 하는 것만도 아니고, 우리가 정말 책임이 있기 때문에 회개해야 하는 것만도 아니다. 이에 성경은 모호한 입장을 취하지 않고 둘 다 틀림없음을 단언한다. 하나님은 주권자이시고, 우리에게는 책임이 있다는 것이다. 여기에는 단순한 '사람의 지혜' 보다 더 높은 차원의 논리가 작용한다.

그렇다고 비논리적이라는 뜻이 아니다. 그 일이 작용하는 방식을 우리가 전혀 이해할 수 없다는 뜻도 아니다. 실제로 우리는 이 일이 어떻게 풀리는지 알 수 있다. 삶의 경험을 통해서도 어느 정도는 이해할 수 있다. 사실 (사람의) 책임과 (주권자의) 권세(권한)는 모순되지 않기 때문이다. 실제로 책임은 권세로부터 나온다. 지금 우리가 '자유 의지'보다는 '책임'이라는 용어를 쓰고 있음을 눈여겨 보기 바란다. 책임과 자유 의지는 전혀 다른 것이다. 자유의지는 성경적인 개념이 아니다. 그것은 사람의 입장에서 보자면, 하나님의 주권적인 뜻을 거슬러 자기 마음에 기쁜 바 그대로 완전히 행하는 총제적이고 전적인 자유 상태를 말한다.

성경에 따르면, 사람은 자신의 행위에 전적인 책임이 있고, 그것은 하나님의 주권적인 권세와 전혀 모순되지 않는다. 술 취한 운전자에게는 자유 의지가 없다. 그는 자기 능력으로 자유롭게 운전할 수 없다. 그런 점에서 그는 자유롭지 않다. 그럼에도 불구하고 그는 자신의 행위에 온전히 책임을 져야 한다. 그가 음주운전으로 사망 사고를 냈다면 법정에서 이렇게 말할 수 없다. "재판관님, 죄송합니다. 당시 저는 술에 취해 있었기 때문에 이 사건에 대한 책임을 질 수 없습니다." 어처구니없지 않은가? 그것은 변명이 될 수 없다. 그 말은 오히려 자신이 유죄임을 주장하는 것이다. 그는 술에 취해 있었기 때문에 사망 사고를 낸 것에 분명히 책임이 있다. 비록 그가 음주로 인해 상당히 조심하고 집중해서 운전을 할 만큼 의지가 자유롭지 못했다 하더라도 그에게는 책임이 있다. 거리의 다른 모든 사람들과 전혀 다를 바 없이 그는 어떤 권세(이 경우에는 이 땅의 법률)에 의해 책임을 부여 받았기 때문에, 거리의 다른 모든 사람들과 완전히 똑같이 그에게는 책임이 있다.

생각해 보면 모든 참된 책임은 실제로 권세와의 관계를 전제한다. 그것은 책임을 부여하는 권세이다. 따라서 사람들에게 품위와 가치도 부여한다. 상사가 당신에게 어떤 일을 맡기면서 이렇게 말한다 치자. "이보게, 존. 나는 자네에게 이 일에 대한 책임을 맡기겠네." 그 말에 당신은 이렇게 말할 수 없다. "전 이 일에 책임을 맡을 수 없습니다. 권한이 부장님께 있으니까요."

상사는 당신에게 책임을 맡길 권세가 있고, 따라서 당신에게는 책임이 있다. 그것이 바로 당신이 책임을 져야 하는 이유이다. 당신을 그렇게 만들 권한이 상사에게 없다면 당신 역시 책임을 질 수 없다.

성경은 하나님의 주권적인 구원과 관련해 바로 이런 방식으로 주권자이신 하나님 앞에 선 우리의 책임에 대해 말한다. 구원은 하나님에게서 시작된다. 그분은 주권자이시다. 그분은 모든 권세를 가지고 계신다. 그렇기에 하나님은 우리에게 그분의 명령에 응답할 책임을 맡기신다. 구원의 부르심에 대한 책임을 맡기신다. 하나님께서 구원의 말씀을 하시면, 우리는 그 말씀에 순종하거나 아니면 거역할 것이다. 성경이 말하는 바 "믿음의 순종"[13]으로 응답하거나 아니면 불신의 불순종으로 응답하는 것이다. 어느 방식으로 응답하든 우리는 온전히 하나님 앞에서 책임을 져야 한다. 하나님께서 우리에게 순종할 책임을 주권적으로 주셨기 때문이다.

그러므로 성경은 구원에 관련된 하나님의 주권성을 '이것 아니면 저것'이 아니라 '둘 다'의 논리로 이해한다. 그것은 우리가 결코 이렇게 말할 수 없음을 의미한다. "아, 하나님이 주권자이시라면 제가 군이 회개할 필요는 없겠네요. 하나님이 주권적으로 저를 선택하신다면 저는 구원을 받겠지요. 선택받지 못한다면 응답할 수도 없는데, 하나님이 어떻게 제게 책임을 지우신다는 말입니까?" 그렇지 않다. 사도행전 17장 30절은 하나님께서 "어디든지 사람에게 다 명하사 회개하라" 하셨다고 말한다. 주권자이자 권세자이신 하나님은 모든 사람 하나하나에게 책임을 물으신다.

당연히 기도에도 같은 방식이 적용된다. 우리는 결코 이렇게 말할 수 없다. "하나님이 주권자이시니 내가 기도할 이유가 없지 않나?" 또는 "하나님이 주권자이시니 기도할 거리가 없네." 그렇지 않다. 성경의 논리는 이렇게 말한다. "하나님은 주권자이시다. 따라서 우리는 기도할 수 있을 뿐만 아니라 기도해야 하고 기도할 것이다. 구원에 작용하는 하나님의 주권에 대한 성경의 논리에 '둘 다'가 적용되는 방식대로, 하나님의 주권과 우리의 기도에 대한 성경의 논리를 좀더 구체적으로 생각해 보자.

기도에 작용하는 하나님의 주권 논리

먼저, 아주 흔하게 하는 말 하나를 해보겠다. 나는 그 말이 상당히 유익하지 못한 기도관을 드러내고 있다고 본다. 그런 기도관은 복음적인 그리스도인들 사이에 아주 널리 퍼진 한 격언으로 요약된다. "기도하면 바뀐다." 분명 그런 말을 많이 들어 보았을 것이다. 어쩌면 나도 별 생각없이 수시로 그 말을 스스로에게 했는지 모른다. 물론 다른 많은 격언들처럼 그 말은 듣기 좋고 약간의 진실을 담고 있기도 하다.

하지만 복음주의 진영의 상투적 표현들이 흔히 그렇듯, 상당히 신앙심 깊게 들리는 이 문구의 저변에는 잘못된 하나님관이 숨어 있다. 우리가 가만히 있으면 하나님께서 하지 않으실 어떤 일을 하도록 그분을 애써 설득하려는 의도가 느껴지기 때문이다. 사람들은 이 문구를 되뇌면서, 우리가 기도하지 않으면 하나님이 일하지 않으실 것이라고, (더 나쁘게는) 우리가 기도하지 않으면 일하지 못하실 것이라고 어느 정도 생각한다 (실제로 아주 확신하는 경우도 많다). 심지어 가끔은 이런 말도 들은 적이 있다. "사람들이 진실로 기도하지 않는 한, 하나님은 이 세상에서 아무 일도 못하신다." 이 말은 실제로 우리의 기도 도움 없이는 하나님이 무능하시다는 뜻을 내포하고 있다. 잠시라도 이런 생각을 한다면, 이건 정말이지 신성모독이 아닐 수 없다.

이런 방향으로 계속 생각한다면, 우리는 결국 이른바 '미래 불가지론'이라는 우상을 만나게 된다. 그것은 하나님이 사람들의 선택에 의존하시기 때문에 실제로 미래를 알거나 통제하실 수 없다는 신학적 의견이다. 그러한 생각은 하나님을 잡신의 수준으로 끌어내린다. 하나님을 우리의 목소리와 고갯짓과 부름에 따라 춤추는 존재, 램프의 요정 지니 같은 존재로 격하시키며 성경의 증거를 딱 잘라 부인한다. 하나님을 우주의 주권자이신 주가 아니라 우리를 섬기고 우리의 기도에 응답하기 위해 우리에게 협력하는 존재로 간주하는 것이다. 그렇다면 미래는 하나님이 아니라 우리에게 달린 셈이다. 그것은 성경적인 기독교가 전혀 아니다. 이교도의 신앙에 불과하다.

성경 전체와 성경이 하나님에 대해 증거하는 많은 부분들을 진지하게 받아들인다면, 우리는 마치 하나님이 우리의 간구에 의존하시는 양 그분을 바꾸고 조작하는 종류의 기도관을 가질 수 없다.

이사야 46장의 몇 구절만 읽어 보아도 하나님이 주권자가 아니시라는 이런 생각은 완전히 박살난다.

> 나는 하나님이라. 나 외에 다른 이가 없느니라.
> 나는 하나님이라. 나 같은 이가 없느니라.
> 내가 시초부터 종말을 알리며
> 아직 이루지 아니한 일을 옛적부터 보이고
> 이르기를 나의 뜻이 설 것이니
> 내가 나의 모든 기뻐하는 것을 이루리라 하였노라.
> 내가 동쪽에서 사나운 날짐승을 부르며
> 먼 나라에서 나의 뜻을 이룰 사람을 부를 것이라.
> 내가 말하였은즉 반드시 이룰 것이요
> 계획하였은즉 반드시 시행하리라(사 46:9-11).

이사야서와 성경의 다른 많은 부분들을 아무데나 펼쳐 보아도 하나님께서 자기 백성들의 기도 없이는 일을 못하신다거나 (더 나쁘게는) 일을 아예 하실 수 없다는 식의 생각을 완전히 떨쳐 버릴 수 있다. 그런 생각은 성경에 압도적으로 많이 나오는 자료들과 전혀 맞지 않는다. "기도하면 바뀐다"는 말을 기도가 하나님과 그분의 생각과 방식을 통제한다는 의미로 여기고 있다면, 미안한 말이지만 "전혀 아니올시다"이다.

그보다 "기도는 하나님의 생각을 따라 생각하는 것"이라는 격언이 훨씬 낫다. 내가 어렸을 적 아버지가 해주신 말씀이 생각난다.[14] 아버지는 기도에 관한 성경의 논리를 훨씬 더 건강한 방식으로 표현하셨다. 아버지의 말씀에 따르면, 기도는 차갑고 수학적인 논리가 아니라 따듯하고 관계에 기반하고 있다. 기억하라. 기도는 하나님과의 실제 관계가 청각적인 형태로 드러난 것이다. 그리고 기도에 관한 진실은, 우리가 원한다면 주권자이신 주 하나님께서 우리에게 특권을 주어 그분의 동반자로, 그분이 하시는 일의 참된 동역자로 초대하신다는 것이다. 우리의 기도는 바로 그런 것이다. 우리는 주님과 동행하는 가운데, 주님이 하시는 일을 배우고 동참하는 가운데 주님의 뒤를 따른다.

하나님의 자녀이기 때문에 우리는 기도한다. 아들로서 하나님 가족의 일을 공유한다. 그것이 바로 아들이 하는 일이다.

아들은 가족이라는 기업 내에서 특권을 공유하고, 따라서 기업 전체의 목표들을 공유한다. 하나님은 복음을 통해 그분의 위대한 사업을 계시하셨다. 즉 그리스도 안에 있는 위대한 구원의 목적을 우리에게 드러내 보이셨다. 그뿐 아니라 하나님의 가족이 진행하는 일들 가운데 한 부분을 맡기셨다. 우리는 전능하신('무한하신'이라고 말해도 된다) 하나님과 성자 예수님 안에서 한 부분을 감당한다. 그 일의 소유권을 공유하게 되었다. 하나님께서 그 소유권을 주시면서 참여하라고 우리를 부르셨기 때문이다. 하나님 가족의 기업이 진행하는 거대한 관심사에 저항하는 경우를 생각해 볼 수는 있다. 하지만 그것은 대기업에서 이제 과장으로 갓 승진한 사람이 자기 상사와 싸워 가며 기업의 정신을 거스르는 일에 몰두하는 것만큼이나 기이하고 말도 안 되는 상황이다. 자신이 몸담고 있는 기업의 비전과 정신과 목적을 위해 온 힘을 쏟는 게 가장 자연스러운 일이다.

우리와 관련해서도 같은 이치가 작용한다. 하나님의 큰 그림, 즉 그분의 위대한 주권적 구원은 분명 우리의 크나큰 관심사이기도 하다. 하나님의 아들이 된다는 것은 우리가 점차 그분의 생각을 따라 생각한다는 뜻이기 때문이다. 우리는 하나님의 갈망과 열정을 점차 공유해 간다. 그러한 일들로 우리의 기도를 채우기 시작한다. 신약성경에 나오는 바울의 기도에서 그 예를 찾아볼 수 있다. 이를테면 에베소서 1장과 3장에 나오는 바울의 기도를 읽어 보라. 거기에서 바울은 신자들이 하나님께서 베푸시는 구원의 위대함을 풍성히 알게 될 것을 기도한다. 그는 교회 안에서와 예수 그리스도 안에서 영광이 대대로 영원무궁히 있을 것을 기도한다. 그것은 진정 그리스도인의 기도였다. 그는 하나님의 생각을 따라 생각하고 있다. 그는 역사 속에서 그리고 영원 속에서 일하시는 하나님의 목적을 따라 기도하고 있다. 물론 작은 일들, 개인적인 일들, 일상의 구체적인 일들을 기도에서 배제한다는 것은 아니다. 동일한 인물인 바울은 빌립보서에서 정확히 '너희가 구할 모든 것을 하나님 앞에 가져오고, 아무것도 염려하지 말라'(빌 4:6 참조)고 말한다. 그럼에도 기도에 관한 이 교훈조차, 장차 이루어질 하나님의 위대한 목표—우리 주 예수 그리스도께서 하늘로부터 오실 것—을 바라보라는 맥락에서 제시하고 있다. 진실로 복음적인 기도는 언제나 그러하다. 언제나 하나님의 생각을 따라 생각하고, 하나님의 목표를 목표로 삼기 때문이다.

그것은 우리가 기도할 때 어디에 초점을 맞추었는지 실제로 스스로에게 질문해야 한다는 의미이다. 기도할 때 우리는 누구를 생각하는가? 교회 기도 모임에서 항상 작은 일들, 즉 개인적인 일, 우리와 관계되어 있는 일, 우리의 현재 건강이나 환경 혹은 그밖의 것들에 대해서만 기도하고 있는가? 아니면 무엇을 위해 기도하든 항상 그리스도의 크신 일과 도래하는 그분의 나라에 집중하는 일이, 하나님의 생각을 따라 생각하는 데 초점을 맞추는 일이 든든하게 뒷받침되고 있는가?

우리가 무엇을 위해 기도하는가 하는 문제는 그것이 큰 일이든 작은 일이든 상관 없이, 무엇이 우리로 하여금 기도하도록 동기를 부여하느냐에 있다. 우리는 그 점을 스스로에게 질문할 필요가 있다. 사도행전 4장에서 그러하듯, 우리 아버지가 하시는 일의 정신과 큰 목표를 따르고 있는가? 초기 그리스도인들은 현실에서 당장 협박받고 감금당했을 때 이렇게 기도하지 않았다. "그들의 위협함을 굽어보시고, 우리를 더 이상 위협당하지 않게 지켜 주옵소서." 이것은 우리가 기도하는 방식에 더 가깝다. "그들의 위협함을 굽어보시고 예수 그리스도의 복음을 증거하게 하옵소서." 그들은 바로 이렇게 기도했다. "우리가 담대하게 주님의 말씀을 말할 수 있게 해주십시오"(23-29절). 그것은 그들의 주된 목표였다. 왜냐하면 그들은 하나님의 생각을 따라 생각했기 때문이다.

    그것이 기도가 지닌 순전한 특권이다. 하나님의 가족 일을 함께하는 동역자로서 그분의 위대한 구원 사역에 참여하라고 하나님께서 우리에게 주신 것이다. 하나님은 주권자이시고, 은혜로 목표한 일을 모두 이루실 것이기 때문이다. 우리는 팀의 일부가 되어 그 목표를 성취할 뿐 아니라 그에 따른 영광을 공유하는 크나큰 특권을 받았다.

맨체스터 유나이티드는 아마 세계에서 가장 유명한 축구팀일 것이다. 그 팀의 감독은 2013년에 은퇴한 최장기 재임 감독이자 축구 역사상 감독들 중 가장 성공하고 존경받는 알렉스 퍼거슨 경이다. 26년 동안 그는 그 클럽에서 열세 번의 영국 프리미어리그와 두 번의 유럽 챔피언스리그를 포함해 놀랍게도 서른여덟 개의 트로피를 가져갔다. 그가 재임하는 동안 축구의 축자도 모르는 사람만이 퍼거슨 감독의 승리를 믿지 못하고 다른 팀의 승리를 점치며 내기를 걸었을 것이다. 맨체스터 유나이티드를 감독하는 알렉스 퍼거슨 경의 권한과 권위와 통제권은 의심받지 않았다. 그는 세상 누구보다 위대한 승리의 설계자였다.

경기 시즌이 끄트머리에 와 있다고 상상해 보라. 이제 한 경기만을 앞두고 있다. 퍼거슨 감독의 맨체스터 유나이티드는 승점 10점을 앞서 있다. 그들은 어느 팀도 따라잡을 수 없는 경지에 올랐고, 마지막 경기는 리그의 하위권에서 맴도는 한 클럽과 치르게 되어 있다. 마지막 경기는 유나이티드 팀에게 골잔치가 될 게 거의 확실하다. 그런데 퍼거슨 감독이 그 마지막 경기에서 스타군단과 함께 경기할 선수로 당신을 선발했다고 상상해 보라. 리그를 마감하면서 메달을 목에 걸며 트로피를 높이 들어올리게 될 경기이다.

그것은 단지 우리 아버지 하나님께서 기도를 통해 우리에게 참여의 기회를 주신 어느 정도 승산 있는 일을 빗댄 비유가 아니다. 하나님은 얼마간 승산이 있는 정도가 아니라 더할 수 없이 승리가 확실한 그분의 팀에 합류하라고 우리를 부르셨다. 예수님이 직접 하신 말씀을 기억하라. "추수할 것은 많되 일꾼이 적으니 그러므로 추수하는 주인에게 청하여 추수할 일꾼들을 보내 주소서 하라"(마 9:37-38). 예수님이 무슨 말씀을 하시는지 알겠는가? 주권자이신 주님은 추수할 것이 많다고 선포하셨다. 그분의 나라를 위해 큰 수확을 거두게 될 추수지이다.

하나님은 주권적으로 구원을 베푸는 분이시다. 그렇기에 주 예수 그리스도는 우리가 주님께, 즉 추수의 주님께 자신이 선포하신 그 추수지에 일꾼을 보내 달라는 기도를 진정으로 해야 한다고 말씀하신다. 우리는 그분의 생각에, 그분의 훌륭하고 은혜로우며 인자한 생각에 발맞춰 기도해야 한다. 그렇게 함으로써 그 위대한 목표를 이루는 일부가 되어야 한다.

하나님이 주권자인 하나님이시기 때문에, 우리가 그분의 아들이 되어 세상을 향한 그분의 목적과 영광을 나누기 때문에 우리는 기도한다.

우승컵을 거머쥘 팀의 선수로 선발했더니 퍼거슨 감독에게 이렇게 말하는 사람이 있을까? "사양할게요. 굳이 출전하고 싶지 않네요. 뻔하잖아요. 누가 승리할지 다 아는 걸요. 신경 쓰지 않을래요." 정말 그렇게 생각할 사람이 있겠는가. 당신이라면 그 경기장에 서고 싶지 않은가. 경기에 빠져들어, 땀이 쏟아지는 치열함을 느끼며, 경기 종료를 알리는 휘슬 소리를 듣고 싶지 않은가. 마지막 휘슬이 울릴 때 수만 관중이 환호하는 소리를 듣고 싶지 않은가. 단상에 올라 메달을 목에 걸고 트로피를 높이 들어올리고 싶지 않은가. 역사적인 승리의 순간에 우승팀의 일원이 되어 전율을 느끼고 싶지 않은가. 비록 당신을 거꾸러뜨릴 다른 팀이 없음을 알면서도 말이다. 당신은 그 경기장에 있고 싶지 않은가.

그것이 우리가 기도하는 이유이다. 하나님은 우리가 그분의 생각을 따라 생각하고, 확실하고 영예로운 승리의 길목에서 우리의 역할을 감당하며 그분의 경기장에 있기를 원하신다. 하나님의 독생자의 나라에 참여하는 것이다. 하나님의 생각을 따라 생각하면 할수록 우리는 더욱 기도하는 가운데 하나님과 함께, 그리고 우리 서로와 함께 그러한 생각들에 대해 이야기하며 기뻐하게 될 것이다.

그러니 그리스도인으로 우리가 기도할 수 있음을 하나님께 감사하자. 우리 하나님은 참으로 주권자이시다. 그렇지 않다면 우리는 전혀 기도할 수 없었을 것이다.

묵상 또는 나눔을 위한 질문

1. 저자는 하나님의 주권자 되심이 우리가 기도하는 일에 어려운 질문을 제기할 수 있다고 말한다. 왜 하나님의 주권은 우리를 기도하고 싶지 않게 만들 수 있는가? 왜 하나님의 주권은 실제로 우리가 기도해야 하는 이유가 되는가? 당신은 보통 어떤 관점으로 하나님의 주권을 보고 있는가? 장애물로 보는가 아니면 기도의 원동력으로 보는가?

2. 저자는 자유의지와 책임 사이에 어떤 구분을 짓고 있는가? 그 차이점으로 인해, 사람들에게 미치는 하나님의 주권적인 권세와 구원의 과정에서 개인이 맡은 역할에 대한 생각은 어떻게 달라질 수 있는가? 어떤 점에서 우리의 책임은 하나님께서 우리에게 두신 위엄과 가치를 표현하는 일이라고 할 수 있는가?

3. 주로 삶의 어떤 영역에서 자신이 모르는 일에 대해 다른 누군가의 더 나은 지혜를 따르게 되는가? 궁극적으로 하나님

의 주권과 우리의 책임은 우리의 제한된 생각으로는 온전히 조화를 이룰 수 없는 명백한 모순처럼 보인다. 하나님의 주권과 사람의 책임 사이의 관계를 우리가 온전히 이해하지 못하더라도 받아들일 수 있는 방법이 있겠는가? 하나님의 지혜가 훨씬 더 나으므로 우리가 순종해야 한다는 논리로 하나님의 주권을 생각할 때, 우리의 기도는 어떻게 달라질 수 있는가?

4. "기도하면 바뀐다"는 말은 왜 비성경적인가? 이 말은 어떻게 하나님의 능력을 제한하는가?

5. 어떤 점에서 기도는 "하나님의 생각을 따라 생각하는 것"인가? 살면서 이런 일을 경험한 적이 있는가? 이런 생각을 통해 기도가 지닌 관계적인 속성을 어떻게 더 풍성하게 알 수 있는가? 이러한 관점으로 기도를 생각할 때, 더 간절히 기도하고 싶어지는가 아니면 오히려 하기 싫어지는가?

6. 기도할 때 하나님의 생각을 따라 생각하는지 그렇지 않은

지 어떻게 알 수 있는가? 우리가 기도하는 숨은 동기를 어떻게 분별할 수 있는가? 어떤 동기로 기도하고 있는지 자주 스스로에게 묻고 있는가?

너희가 내 안에 거하고 내 말이 너희 안에 거하면

무엇이든지 원하는 대로 구하라. 그리하면 이루리라.

너희가 열매를 많이 맺으면 내 아버지께서 영광을 받으실 것이요 너희는

내 제자가 되리라. 아버지께서 나를 사랑하신 것 같이

나도 너희를 사랑하였으니 나의 사랑 안에 거하라.

내가 아버지의 계명을 지켜 그의 사랑 안에 거하는 것 같이

너희도 내 계명을 지키면 내 사랑 안에 거하리라.

내가 이것을 너희에게 이름은 내 기쁨이 너희 안에 있어

너희 기쁨을 충만하게 하려 함이라.

요한복음 15:7-11

4
하나님의 성령이 계시기 때문에 우리는 기도한다

하나님이 말씀하시는 하나님이기 때문에 우리는 기도한다. 우리가 창조되면서 시작된 하나님과의 관계는 우리 죄로 인해 파괴되었지만, 하나님은 침묵으로 물러서지 않으셨다. 세상을 향해 계속해서 약속의 말씀을 건네셨다. 그리고 그 약속들은 마침내 독생자 예수 그리스도 안에서 절정에 이르렀다. 우리는 믿음으로 그분에게 돌아섬으로써 구원을 얻으며, 그 믿음은 음성이 되어 확신 있는 기도로 드러난다. 기도는 "인간의 영혼 안에 하나님의 생명"이 있음을 보여 주는 명백한 증거이다.[15] 더욱이 하나님께서 우리를 그분의 가족으로 입양하신 덕분에 우리는 하나님의 완전한 아들 예수님이 그분의(또한 우리의) 아버지와 나누셨던 친밀한 관계를 특권으로 공유하게 되었다. 우리는 그리스도 안에서 하나님의 아들이기 때문에 기도한다. 나아가 우리는 아들이기 때문에 주권자이신 하나님과 진정한 동역자가 되어 그분의 생각을 따라 생각하고 기도를 통해 영원한 영광의 목표에 참여한다.

이 마지막 장에서는 앞장에서 살펴보았던 주제가 의미하는 바에 대해 좀 더 생각하고 싶다. 즉 복음 안에 담긴 하나님의 주권적인 목적에 진정으로 호응하는 기도에 대해 생각하고 싶다. 그것은 중요한 문제이다. 하나님이 참으로 주권자이시라면 분명 그분의 목적도 확실하고 명백할 것이기 때문이다. 진정 하나님의 생각을 따라 생각하고 그분의 주권적인 목적에 맞춰 기도한다면, 우리는 하나님이 목표하신 바에 우리의 주파수를 일치시키는 기도를 하는 셈이다. 그런 기도는 틀림없이 응답받는다. 하나님께서 분명 자신의 목적을 이루실 테니 말이다.

이것은 예수님도 직접 분명하게 말씀하신 내용이다. 이것이 사실이라면 우리는 믿음을 가지고 자신 있게 기도해야 한다. 예수님이 제자들에게 말씀하셨다. "너희가 기도할 때에 무엇이든지 '믿고' 구하는 것은 다 받으리라"(마 21:22). 예수님은 그 말씀을 이른바 '고별 설교'에서 약간 다르지만 더할 나위 없이 확실하고 분명하게 여러 차례 말씀하셨다. 예수님은 십자가에 달리시기 직전에 다락방에서 고별 설교를 하며 가장 가까운 제자들에게 이렇게 가르치신다. "내 이름으로 무엇이든지 내게 구하면 내가 행하리라"(요 14:14). "너희가 무엇이든지 아버지께 구하는 것을 내 이름으로 주시리라"(요 16:23). "너희가 내 안에 거하고 내 말이 너희 안에 거하면 무엇이든지 원하는 대로 구하라 그리하면 이루리라"(요 15:7).

정말 분명한 말씀이지 않은가? 너무 분명해서 모호한 부분이 없다. 그 말씀은 절대적이고 무조건적이다. 그렇기 때문에 되려 그 말씀은 함부로 사용될 수 있고 유감스럽게도 그래 왔다. 일부 그리스도인들은 우리가 기도할 때 예수님의 이름을 무슨 주문이나 행운의 부적으로 사용할 재량권이 있다고 예수님이 말씀하신 것처럼 여겼다. 실제로 하나님께 간절히 원하는 게 있을 때마다 그렇게 기도하면 얻을 수 있으리라고 생각했다. 다시 말하지만, 그것은 복음을 완전히 오해한 것이다. 복음은 우리가 원하는 바를 하나님에게서 얻어 내는 행운의 부적이 아니다. 오히려 정반대이다. 복음은 하나님께서 우리 삶에 원하시는 바를 주기 위해 역사하시는 그분의 은혜요 자비이다. 또한 우리가 하나님의 아들 주 예수님과 연합해 그분을 닮아 가기를 바라며 역사하시는 하나님의 방법이다. 복음은 기도를 통해 하나님을 우리의 이기적인 목적에 맞추는 것이 아니라 하나님이 우리를 그분의 주권적인 목적에 맞춰 가심에 관한 내용이다.

오직 성령만이 우리를 참된 기도자로 만드신다

오직 성령만이 우리를 진실로 기도하는 사람으로 만든다. 그래서 요한복음 15장 7절 말씀이 중요하다. 예수님에 따르면, 참된 믿음을 드러내는 기도, 진실로 예수님의 이름으로 드려지는 기도는 오로지 그리스도 안에 거하는 사람, 즉 그분의 말씀이 그 안에 거하는 사람에게서만 가능하다.

예수님이 제자들에게 하신 다락방 설교는 그런 일이 어떻게 가능한지 보여 준다. 예수님이 이 땅의 제자들을 떠나 하늘 아버지께 올라가신 후 그분의 말씀은 어떻게 그들 가운데 거할 수 있었는가? 그 답은 성령의 사역에 있다.

예수님이 다락방에서 가장 가까운 제자들, 곧 사도들에게 가르치신 내용은 대단히 중요하다. 예수님은 그들에게 말씀하신다. "내가 너희를 고아와 같이 버려두지 아니하고 너희에게로 오리라…보혜사 곧…성령 그가 너희에게 모든 것을 가르치고 내가 너희에게 말한 모든 것을 생각나게 하리라"(요 14:16, 18, 25-26). 성령의 사역이 사도들을 "모든 진리"(요 16:13)로 이끄는 것이라고 예수님은 말씀하신다.

여기에서 예수님이 사도들에게 구체적으로 하신 말씀을 눈여겨보라. 그 말씀들은 예수님의 부활과 오순절 성령강림 이후, 신약시대의 교회에 이루어질 영단번(once-for-all)의 변화와 관련이 있다. 예수님은 그분의 교회가 앞으로 어떻게 그분의 말씀을 알고 그 말씀에 거할지, 이후에 올 세대들이 어떻게 그분의 계명을 지킬 수 있을지, 따라서 어떻게 그분을 알고 사랑할지, 그리고 어떻게 예수님과 그분의 아버지에게 사랑을 받아 그분에게 속할지 설명하고 계신다.

정리하면, 이후의 전 세계 사람들은 오직 성령의 사역을 통해서만 그분에게 와서 그분 안에 거하게 된다. 베드로가 언급한 바, "주 되신 구주께서 너희의 사도들로 말미암아 명하신 것"(벧후 3:2)을 오직 성령의 사역을 통해서만 깨달을 수 있기 때문이다. 교회가 알아야 할 모든 것—즉 예수님이 영광 중에 다시 오실 때까지 하나님이 은혜 가운데 그분의 나라를 위해 주권자로서 품고 계신 목적—을 성령이 사도들에게 알게 하실 것이다. 성령이 "장래 일을 너희에게[사도들에게] 알리시리라"(요 16:13)고 예수님은 말씀하셨다. 그러면 예수님을 사랑하는 제자들은 그렇게 알게 된 그분의 말씀을 지키게 되고, 그렇게 예수님을 사랑하여 따르는 자들은 성령을 통해 성부와 성자께서 그들 안에 들어가 거하시리라는 것이다. 성령의 사역을 통해 사람들은 예수님의 말씀을 알게 되고, 그분의 말씀이 그들 안에 거하게 된다. 그래서 예수님이 그들에게 성령을 보내시는 것이다.

신약시대의 그리스도인으로서 오늘 우리는 그리스도 안에 거한다. 우리 안에 계신 성령의 사역을 통해 그분의 말씀이 우리 안에 거한다면 말이다. 그러므로 우리가 예수님의 이름으로 기도하고 참된 믿음으로 기도한다는 것은 오직 우리가 성령 안에서 기도하고 있음을 말하는 또 다른 방법이다. 그러므로 우리는 확신을 가지고 기도할 수 있다. 바울이 로마서 8장 26-27절에서 다음과 같이 말했기 때문이다. "이와 같이 성령도 우리의 연약함을 도우시나니 우리는 마땅히 기도할 바를 알지 못하나 오직 성령이 말할 수 없는 탄식으로 우리를 위하여 친히 간구하시느니라…마음을 살피시는 이가 성령의 생각을 아시나니 이는 성령이 하나님의 뜻대로 성도를 위하여 간구하심이니라." 성령을 통해 우리는 하나님의 선하고 완전하신 뜻을 따라 기도할 수 있다.

우리는 우리 안에 하나님의 성령이 계시기 때문에 기도한다. 성령만이 우리로 하여금 참된 믿음 안에서 예수님의 이름으로 기도할 수 있게 하신다. 기도에 관해 말한다는 것은 사람들 안에 계시는 예수님의 성령이 하시는 일에 관해 말하는 것이다. 그것은 우리를 위한 그분의 사역, 우리 안에 있는 그분의 사역, 우리를 향한 그분의 사역 모두를 말한다. 나는 특히 그 세 가지에 초점을 맞추고 싶다. 그것들은 참된 그리스도인의 기도(우리가 전적으로 확신을 가질 수 있는 기도요 응답받을 기도)와, 실제로는 전혀 그리스도인의 기도가 아니기 때문에 응답받지 못할 그저 외람된 기도 간의 차이를 이해하는 데 매우 중요하기 때문이다. 정신이 번쩍 날 진실은, 교회 안에 경건한 기독교 언어로 잘 치장된 이방인의 기도가 많다는 것이다. 그러기에 우리는 실제로 그 차이를 알 필요가 있다. 확실히 해두어야 하지 않겠는가?

우리를 위해 주권적으로 일하시는 성령

성령만이 우리로 하여금 예수님의 이름으로 기도하게 하실 수 있다. 우리를 하나님의 가족이 되게 하면서 우리에게 예수님의 이름을 허락하시는 것이 바로 성령의 주권적인 사역이기 때문이다. 우리가 하나님을 '아버지'라고 부를 수 있도록 아들로 입양되는 방법이기도 하다.

하나님의 이름은 구약성경의 처음부터 끝까지 매우 중요하다. 하나님의 백성들은 항상 전능하신 하나님의 이름을 아는 특권을 가진 사람들로 나타났다. 하나님은 자신의 백성에게 당신의 친밀한 이름, 언약의 이름인 YHWH, 여호와 또는 야웨를 밝히셨다.[16] 하나님의 백성은 그 이름을 간직한다. 세 번째 계명이 몹시 중요한 이유가 여기에 있다. 세 번째 계명은 하나님의 백성에게 하나님의 이름을 무심하게 또는 무가치한 방식으로 함부로 다뤄서는 절대로 안 된다고 이른다. 하나님의 이름은 그들의 정체성과 깊은 관계가 있고, 하나님의 백성은 항상 그 이름을 영예롭게 해야 한다.

우리는 하나님의 이름을 더럽혀서는 안 된다. 교복을 입은 학생은 그 학교의 학칙에 제한을 받는다. 이미 졸업한 학생이라면 비행을 저지르다 잡혀도 학교에 큰 문제가 되지 않는다. 하지만 학생이 어떤 학교의 정체성을 드러내는 옷을 입고 비행을 저지른다면 문제는 달라진다. 사안이 중대해진다. 학교의 이름을 더럽혔기 때문이다. 마찬가지로, 축구 선수가 명예롭게 행동하지 않는다면, 그것도 너무 자주 그런다면 팀의 이름에 먹칠을 했다는 이유로 클럽이나 리그에서 제명을 당할 것이다. 직장에서도 마찬가지이다. 어느 부서에서 일하든 회사나 고용주에게 해가 되는 일을 예방하는 온갖 규칙이 있을 텐데, 그런 규칙을 어긴다면 해고 대상이 된다. 회사의 이름에 누를 끼쳤는데 그냥 넘어갈 리 없다.

하나님은 자신의 이름으로 불리는 백성들이 하나님의 이름을 간직하는 특별한 영예를 부여하셨다. 아론의 축복이라 부르는 민수기 6장을 보면, 하나님은 대제사장 아론과 그의 계승자들이 백성들을 주님의 이름으로 축복할 수 있게 하신다. "그들은 이같이 내 이름으로 이스라엘 자손에게 축복할지니 내가 그들에게 복을 주리라"(27절). 자신의 백성에게 축복의 이름을 허락하는 것은 하나님의 영이 행하시는 주권적인 사역이다. 그것은 새로운 탄생을 알리는 경이로운 축복이다. "그 이름을 믿는" 모든 이들은 "하나님의 자녀가 되는 권세를 주셨으니 이는 혈통으로나 육정으로나 사람의 뜻으로 나지 않고 오직 하나님께로부터 난 자들이라"(요 1:12-13)고 요한은 말한다. 예수님은 니고데모에게 말씀하실 때 분명히 밝히셨다. "사람이 물과 성령으로 나지 아니하면 하나님의 나라에 들어갈 수 없느니라"(요 3:5). 오직 위로부터 난 사람들, 성령으로 난 사람들, 양자 됨을 통해 하나님의 가족으로 다시 태어난 사람들만이 가족의 성(姓)을 지닐 수 있다.

예수님은 바로 그 일을 위해 이 땅에 오셨고, 그분의 죽음과 부활하심을 통해 약속된 성령이 모든 사람에게 부어질 것이다. 그리스도 안에서 구속받고 성령 안에서 거듭나 하나님의 가족에 속하게 된 모든 족속과 방언과 민족과 나라들이 여기에 해당한다. 이것이 오순절에 베드로가 선포한 내용이다. "하나님이 오른손으로 [부활하신] 예수를 높이시매 그가 약속하신 성령을 아버지께 받아서 너희가 보고 듣는 이것을 부어 주셨느니라"(행 2:33). 아론이 예표했던 분, 우리의 위대한 대제사장, 죄를 대속하기 위해 단번의 영원한 제사를 드리셨고 하늘의 하나님 오른편에 앉으신 분이(히 10:10-14) 그분의 성령을 보내심으로 그분의 백성들에게 자기 이름을 두어 그들을 영원히 축복하셨다.

우리를 위한 성령의 사역으로 말미암아 예수님과 연합한 우리는 예수님의 이름을 간직한 하나님의 자녀로 새롭게 태어나게 되었다. 그 때문에 우리가 참된 기도자, 즉 하나님께 진실로 기도할 수 있는 사람이 되었다. 우리는 예수님의 이름으로 기도하기 때문에 하나님을 하늘에 계신 우리 아버지로 부를 수 있다. 기도는 전적으로 성령이 우리를 위해 행하시는 사역의 결과이다.

우리 안에서 증거하시는 성령

또 신약성경은 성령이 우리 안에 계시는 증인이라고 말한다. 하나님의 성령은 우리의 앞 못봄을 제거하신다. 우리의 눈을 뜨게 하시고 마음의 완고함을 없애어 구주 예수님을 바라볼 수 있게 하신다. 예수님은 우리가 구원받기 위해 바라보고 개인적으로 모든 것을 맡겨야 할 분이시다. 사도 바울은 우리가 양자의 영을 받았기 때문에 "아버지!"라고 부르짖는다고 말한다. 우리가 하나님의 아들임을 우리의 영과 더불어 증언하는 이가 바로 성령이시다(롬 8:15-16). 그렇게 하나님의 주권적인 부르심을 통해, 우리를 위한 성령의 주권적인 일하심을 통해, 생명을 주는 복음이 우리에게로 온다. 그리고 같은 성령을 통해 하나님께 친밀하게 반응할 때 우리는 믿음으로 그 부르심에 개인적으로 응답하게 된다. "너희가 아들이므로 하나님이 그 아들의 영을 우리 마음 가운데 보내사 아빠 아버지라 부르게 하셨느니라"(갈 4:6).

다시 한 번 여기에서 성경의 '둘 다'의 논리가 나온다. 하나님의 주권과, 응답해야 하는 우리의 책임에 관한 문제이다. 그러므로 성령의 구원 사역에는 우리를 위한 '주권적인 일하심'뿐만 아니라, 우리가 하나님께 개인적으로 응답할 때 우리 안에서 그리고 우리와 더불어 '증인 되시는 사역', 이 둘 다가 포함된다. 성령의 일하심과 우리의 응답 사이에는 어떤 모순됨도 없다. 하나님의 부르심과 우리의 응답은 모두 동일하게 하나님의 영이 역사하신 결과이기 때문이다. 바울이 비시디아 안디옥에서 설교하는 장면에서도 이런 사실을 볼 수 있다. 그때를 두고 누가는 "영원한 생명을 얻도록 정하신 사람은 모두 믿게 되었다"(행 13:48, 새번역)라고 말한다. 신중하면서도 분명한 누가의 말에 주목하라. 그들은 영원한 생명을 얻도록 '정해졌고', 하나님의 성령이 그들을 위해 주권적으로 일하심으로 그들은 부르심을 받았다. 그런데 그런 일은 그들이 '믿었을 때' 일어났다. 즉 그들 안에 있는 성령의 일하심을 통해 응답하고, 성령이 그들과 더불어 증인이 되어 하나님을 "아빠 아버지!"라고 부를 때 그런 일이 일어났다. 예수님은 요한복음 6장에서 같은 일을 보여 주신다. "아버지께서 내게 주시는 자는 다 내게로 올 것이요"(37절). 이것은 주권적인 일하심이다. 그런 다음 예수님은 즉시 이렇게 말씀하신다. "내 아버지의 뜻은 아들을 보고 믿는 자마다 영생을 얻는 이것이니"(40절).

그러므로 우리가 하나님의 부르심에 믿음으로 반응하는 것 또한 성령의 일하심이다. 예수님의 이름으로 기도할 수 있도록 주권적으로 일하시는 양자의 영이 동일하게 우리 마음속에서 구원을 증거하시어 우리로 하여금 참된 믿음과 확신을 가지고 기도할 수 있게 하신다. 그 영은 우리의 영과 더불어 우리가 하나님의 아들임을 여실히 말해 준다. 기도는 다만 이런 믿음의 반응이 청각적으로 표현된 형태이다. 존 칼빈이 표현했듯 "기도는 우리 믿음의 주요 활동이다." 기도가 그런 것이라면, 정말 성령으로 말미암아 예수님과 연합된 영혼의 외침이라면, 예수님의 이름으로 성령을 통해 드려지는 기도는 예수님을 따라 그분의 기도를 하는 것이라 하겠다. 우리가 예수님의 생각을 따라 생각하는 것과 같다. 그렇기에 우리는 기도할 때마다 항상 응답받을 것을 확신해도 좋다.

성령이 믿음을 통해 우리를 참된 기도자로 만드시기에, 참된 기도자는 예수님을 따라 기도하기에, 하나님께서 분명 그 기도에 응답하신다.

"잠깐!" 이렇게 말하는 사람이 있을지 모르겠다. "참된 기도자가 성령 안에서, 예수님의 목적을 따라 드리는 기도가 응답받는다는 것까지는 좋습니다. 일리 있는 신학적 주장이라고 생각합니다. 그런데 그런 일이 내 인생에서 어떻게 일어난다는 거죠? 하나님의 뜻이 무엇인지 내가 어떻게 정확히 알 수 있나요? 내가 기도하는 목적이 주 예수 그리스도의 계획과 목적에 부합하는지 내가 어떻게 확신할 수 있나요?"

바로 이 지점에서 우리는 어려움을 발견한다. 그렇지 않은가? 그런데 이에 대한 답은 다시 한 번 같은 지점 또는 같은 분에게서 찾을 수 있다.

오직 성령만이 우리 기도를 참된 것으로 만드신다

오직 성령만이 우리를 참된 기도자로 만드실 수 있는 것과 같이, 오직 성령만이 우리의 기도를 참된 그리스도인의 기도로 만드실 수 있다. 즉 하나님의 주권적인 의지와 목적에 실제로 부합하는 기도로 만드실 수 있다. 성령은 성경 말씀으로 우리 안에서 일하심으로 우리의 기도가 주님의 주권적인 목적에 부합하도록 이끄신다.

우리에게 성경 말씀을 주시는 성령

성령의 사역을 통해 우리는 예수님의 이름으로 참된 기도를 드릴 수 있는 하나님의 아들로 새롭게 태어난다. 또 우리 안에 계신 성령의 증거를 통해 우리는 참된 믿음과 확신 있는 기도로 하늘 아버지께 나아갈 수 있다. 그렇다면 우리가 모든 일에서 하나님의 뜻과 목적을 온전히 확신하고, 믿음으로 자신 있게 기도할 수 있는 것은 성령이 우리에게 주시는 말씀을 통해서이다.

정말 다행이지 않은가? 우리는 확신 있게 기도할 수 있고, 우리가 하나님의 영을 따르는 기도를 하고 있음을 분명히 아는 가운데 기도할 수 있다. 성령이 우리의 개인 조력자가 되시기 때문이다. 성령은 우리를 위해 모든 것을 기록으로 남기셨다. 따라서 우리는 하나님의 주권적인 뜻과 목적이 무엇인지 추측할 필요가 없고 잊을 수도 없다. 그 모든 것이 글로 거기에 쓰여 있다.

나는 건망증이 좀 심한 편이다. 예전에는 내가 잊고 싶은 것(이를테면 토요일 아침에 신문을 읽고 있을 때 아내가 시킨 집안일)은 잊고, 기억하고 싶은 것(이를테면 유럽6개국 럭비대회 개막일)은 기억하는 능력이 있었는데, 지금은 슬프게도 많은 일들을 무차별적으로 잊기 시작했다. 매사에 기록을 남기지 않으면 잊고 지나치는 일이 다반사이다.

예전에 비해 여러 일을 동시에 생각할 게 많아져서 그런 게 아닌가 싶다. 기억 용량을 넘어가니 잊어버리는 일이 자주 생긴다. 그 일들을 나 혼자 다 감당하려 한다면 진즉에 일이 엉망이 되고 말았을 것이다. 하지만 선하신 하나님은 내게 앨리슨을 개인 조력자로 보내 주셨다. 앨리슨은 나를 위해 사안들을 자주 받아적는다. 주일 예배 때 내 순서가 돌아오기 바로 전에 쪽지가 배달되곤 하는데, 내가 곧 말해야 할 바를 기억하는지 확인하는 용도이다. 앨리슨의 쪽지는 여기저기서 나타난다. 이메일함은 물론이고 우편물로도 등장한다. 앨리슨은 나의 기억을 돕기 위해 계속해서 사안들을 기록한다.

그것이 바로 성령이 우리에게 하시는 일이다. 예수님이 말씀하셨듯, 그분은 돕는 이 또는 위로하는 이다. 그리스어 파라클레토스(paracletos, 보혜사)는 돕고 기억하기 위해 곁에 나란히 있는 이를 가리킨다. 우리의 개인 조력자인 성령은 우리를 위해 기록하심으로 우리가 알고 기억하는 것을 확신하게 하신다. 그 기록이 구약성경과 신약성경에 담겨 있다.

그것이 바로 예수님이 요한복음 14-16장에서 말씀하신 바이다. 예수님은 자신이 하늘로 올라가면 성령이 와서 그들을 모든 진리로 인도하리라고 사도들에게 말씀하셨다(예수님이 직접 사도들에게 말씀하고 계심을 기억하라). 이후에 사도들은 우리를 위해 예수님의 권위로, 예수님의 영감과 감독을 받으며 그 일을 기록했다. 덕분에 구약과 신약 둘 다를 아우르는 성경 전체를 가지게 된 우리는 하나님의 분명하고 확실한 뜻과 목적이 우리 삶에서 실제로 일어나는 모든 일과 관계 있음을 알 수 있다. 그 일을 잊거나 헷갈릴 때 우리는 돌아와 성령이 주신 이 말씀들을 펴서 거기에 쓰인 예수님을 읽는다. 그러면 더 이상 헷갈릴 일이 없다.

베드로가 "생명과 경건에 속한 모든 것을 우리에게 주셨으니 이는 자기의 영광과 덕으로써 우리를 부르신 이를 앎으로 말미암음이라"(벧후 1:3)고 교회가 받아 온 것에 대해 말할 수 있었던 이유가 바로 이것이다. 그는 지금 성경 말씀에 대해 이야기하고 있다. 바울이 우리에게 상기시킨 것과 같이, 하나님의 영이 말씀하신 바 거기에 담긴 이 말씀들과 위대하고 귀한 약속들을 통해 우리는 예수 그리스도 안에 있는 믿음으로 말미암아 구원에 이르는 지혜를 얻을 수 있다. 그 말씀들은 우리를 교훈하고 책망하며 바르게 할 수 있어 우리가 확신 가운데 믿음을 지키고 의의 생활을 지속하도록 인도한다(딤후 3:15-16). 성령은 우리에게 주시는 말씀을 기록해 놓으셨다. 우리가 기도를 포함해 믿음 생활에 필요한 모든 것을 가질 수 있도록 하기 위함이다.

요한복음 15장 7절에서 예수님은 예수님 안에 거하는 사람의 기도에 관해 말씀하신다. 그 기도는 분명 응답받는다고 말씀하신다. 우리가 예수님 안에 거하면 우리의 기도는 그분의 뜻에 부합할 것이고, 예수님의 말씀이 우리 안에 거하면 우리는 그분 안에 거할 것이다(따라서 그분의 뜻 안에 거할 것이다). 우리가 예수님의 말씀에 순종하며 그 계명을 지키면 그분의 사랑 안에 거하게 되는 것과 같다(10절). 성경을 통해 우리의 소유가 된 예수님의 말씀들을 우리는 기억하고 따라야 한다. 그것은 우리 안에 거하는 말씀들이다.

"우리가 성령 안에서 기도하고 있는지, 우리가 하나님의 뜻 안에서 기도하고 있는지 어떻게 확신하며 기도하는가?"라는 질문으로 돌아가 보자. 우리는 이제 그 답을 알고 있다. 그렇지 않은가? 간단하다. 성경에 분명히 드러난 하나님의 성령의 뜻을 따라 기도하면 된다. 우리는 우리에게 하신 성령의 말씀에 귀기울인다. 그 말씀은 신약성경 곳곳에서 너무도 분명하게 나타나 있다. 에베소서 6장을 읽으면, 바울이 기도를 복음의 전신갑주를 이루는 일부에 포함시키고 있음을 볼 수 있다. 그것은 복음에 굳건하게 서는 일 가운데 하나이다. 하나님께서 말씀하신 것이 참임을 믿는 일 가운데 하나이다. 그는 "성령의 검 곧 하나님의 말씀을 가지라…항상 성령 안에서 기도하[라]"(엡 6:17-18)고 기록하고 있다. 무슨 말인지 알겠는가?

어떤 사람들은 '성령 안에서 기도하는 것'을 이상하고 신비로운 일인 양, 평범한 기도와 다른 것인 양 이야기한다. 그건 말도 안 된다고 바울은 말한다. 그것은 다만 성경 말씀에 계시된 대로 하나님의 뜻을 따라 기도하는 것이다. 하나님의 말씀은 그분의 영에서 오는 그분의 뜻을 드러낸다. 그러므로 우리가 기도할 때 참되게 한다면, 우리는 다만 우리의 삶과 다른 사람들의 삶이 하나님의 주권적인 목적을 따르게 해달라고 간구하는 것이다. 그 목적은 성경에 담긴 우리 주 예수 그리스도의 복음 가운데서 우리에게 계시된다.

궁극적으로 그 주권적인 목적은 그리스도인에게 이보다 더 분명할 수 없다. 어느 날 모든 이가 주 예수 그리스도 앞에 무릎을 꿇게 될 것이고, 각 족속과 백성과 방언과 나라에서 온, 헤아릴 수 없이 큰 무리가 있을 것이다. 거듭난 세상에서 주 예수님을 사랑하고 섬기는 무리이다. 그것이 성경에 분명히 나타나 있다. 그래서 예수님은 우리가 온전한 확신을 품고 "주님의 나라가 임하소서"라고 기도할 수 있다고 말씀하셨다. 또한 그것은 하나님께서 그 기도에 응답하실 것을 알 수 있다고 말씀하신 이유이다. 따라서 우리는 그 목적을 이루기 위해 해야 할 많은 일들을 위해 또한 기도할 수 있다. 성경이 우리에게 그렇게 하라고 명령한다.

마태복음 9장 38절에서 예수님은 우리에게 추수밭에 일꾼을 보내 달라는 기도를 하라고 명령하셨다(우리가 그 일을 위해 기도한다면 또한 기꺼이 그 추수밭에 일꾼이 됨으로써 그 사명에 동참하는 것을 당연한 결과로 받아들여야 한다). 바울은 디모데전서 2장

1-8절에서 우리가 복음이 필요한 사람들을 위해, 복음 전파에 필요한 여건—평화와 자유—을 위해 기도해야 한다고 말한다. 우리는 복음 그 자체를 위해, 복음 전파를 위해, 복음의 진보를 위해 기도해야 한다. 그 일은 더 나아가 주 예수 그리스도께 영광을 돌리는 일이 될 것이다. 우리는 이 모든 일들을 위해 기도할 수 있음을 안다. 우리는 그리하라는 명령을 받았다. 그것이 성령이 우리를 위해 기록하신 말씀에 나타난 하나님의 분명한 뜻과 목적이다. 하나님은 그러한 목적을 위해 드려지는 기도에 반드시 응답하셔야 한다. 기도를 만든 분이 바로 하나님이시기 때문이다.

물론 하나님의 목적과 관련해 성경에 계시되지 않은 보다 세밀한 사항들이 많다. 추측컨대 우리가 알 필요가 없고, 아마도 모르는 게 더 나을 일들일 테다. 우리는 하나님께서 주권적으로 선택하시는 은혜에 담긴 그분의 비밀스러운 뜻을 구체적으로는 알지 못한다. 예를 들어 하나님께서 정확히 누구를 부르시는지, 어느 지역에 정확히 얼마나 많은 사람들을 부르셨는지 알지 못한다. 하지만 우리는 복음을 전하고 그 목적 실현을 위해 기도하라는 명령을 받는다. 우리는 예수님이 언제 다시 오실지 정확히 알지 못한다. 실제로 예수님은 우리가 그 일을 알 수 없다고 분명하게 말씀하신다. 그러니 계속해서 물어서도 안 된다. 하지만 우리는 예수님이 언제 오시는가와 상관 없이 그분의 오심을 예비하고, 주인을 위해 기쁘게 일하라고, 그래서 그분이 오실 때 부족함이 없도록 하라는 명령을 아주 확실하게 받는다.

그러므로 우리는 분명 그 일을 위해 기도해야 한다. "주님, 당신의 오심을 예비할 수 있도록 도우소서." 그것이 예수님이 응답하실 기도이다. 나는 내가 쉰 번째 생일 또는 아흔 번째 생일을 볼 만큼 살게 될지 말지를 성경에서 말하는 바를 듣지 못했다. 당신도 당신이 언제쯤 주님과 함께 본향으로 돌아갈지 들은 적이 없을 것이다. 우리 가운데 누가 올해에 실직을 하게 될지 성경에서 말하는 바를 들은 사람도 없다. 이 직업을 가져야 할지 아니면 저 직업을 가져야 할지, 이 사람과 결혼할지 아니면 저 사람과 결혼할지 말하는 바도 듣지 못한다(내 경우에는 우리가 이미 결혼을 하지 않았다면, 다른 누구와 결혼하려고 노력하지 말라는 말은 분명히 들었다).

그러나 데살로니가전서 4장 3절과 같은 곳에서는 흥미로운 이야기를 듣는다. 우리가 거룩해야 하는 것이 항상 하나님의 뜻이라는 말씀이다. 데살로니가전서 5장 18절에서는 우리가 어떤 환경에 처하든 즐거워하고 감사하는 것이 하나님의 뜻이라고 말한다. 그럼에도 우리는 자신이 감사하고 거룩할 수 있게 해달라고 얼마나 많이 확신을 가지고 기도하는가? 어떤 직업을 가질지, 또는 어떤 사람과 결혼할지 말씀해 달라고 기도하면서 간구한 횟수와 비교해서 말이다.

성경에는 우리가 확실히 알지 못하는 많은 일들이 있다. 그러나 참된 믿음의 기도자는 확신을 가지고 기도할 수 있다. "주님, 오늘 우리 가운데 있는 주님의 목적을 이루옵소서. 주님, 이번 주 제 삶에서 주님이 영광받으시도록 뜻하신 바를 이루옵소서." 그러한 일이 우리를 향한 하나님의 뜻임을 우리는 분명히 알 수 있다.

우리는 또한 이렇게 기도할 수 있다. "주님, 주님의 뜻이라면 제가 죽음을 맞이하는 때까지 주님을 섬길 준비가 되어 있게 하옵소서." "주님의 뜻이라면…." 중요한 점은, 이런 표현으로 기도하는 것이 믿음이 부족해서가 아님을 기억해야 한다. 특히 사랑하는 사람이 암에 걸려 그의 치유를 위해 기도할 때, 또는 자신이 관계된 어떤 곤란한 상황이 해결되기를 바라며 기도할 때 말이다. 그런 일들 앞에서 완전한 확신 가운데 있지 못하고 "주님의 뜻이라면…"이라고 말하며 기도하는 게 잘못일 수 없다. 아무리 다른 사람들이 그런 기도를 가리켜 잘못되었다, 그렇게 믿음 없이 기도하면 응답을 받지 못한다고 타박할지라도 말이다.

하나님께서 성경―주님이 오시기 전까지 우리의 경건한 삶에 필요한 모든 것을 주셨다고 말씀하신 바로 그 성경―에서 확실하고 분명하게 계시하시지 않은 어떤 일을 위해 기도할 때 "주님, 주님의 뜻이라면…"이라는 단서를 붙이는 것은 잘못이라고 할 수 없다. 하나님의 성령이 말씀을 통해 우리에게 분명히 약속하지 않으신 어떤 일을 구하는 것이라면, 단순히 구하는 것을 얻으리라 주장하며 그것을 가리켜 믿음이라 해도 그것은 결코 믿음일 수 없다.

우리 안에 계신 하나님의 영은 거짓 증언을 하실 수 없다. 하나님께서 우리가 구하는 것을 주실 것이라고 하면서 거기에 대해 계속 "믿어, 믿어, 믿어"라고 주장하는 것은 자기 기만이다. 실제로 참담한 일이다. 우상 숭배이다. 거짓 신을 만들어 참 하나님이라고 부르는 것이다. 아론이 황금 송아지를 만들어 한 일이 바로 그런 것이었다. "여기 너희의 신이 있다. 그에게 경배하라, 이 신에게 기도하고 네가 원하는 답을 찾아라!" 이건 아니다!

하나님께서 우리에게 약속하지 않으신 어떤 것과 우리가 확신할 수 없는 것을 위해 우리가 뻔뻔하게 기도한다면 그게 바로 우상 숭배이다. 우리의 기도가 얼마나 뜨겁느냐는 중요하지 않다. 실제로 이방인의 기도가 더 뜨거울 때가 많다고 예수님은 지적하셨다. 일찌감치 이야기했듯, 그것은 이방인들이 하는 일이므로 따라해서는 안 된다. 우리는 다음과 같이 기도해야 한다. "당신의 이름이 거룩히 여김을 받으옵소서. 당신의 뜻이 이루어지옵소서." 그것이 바로 예수님이 겟세마네에서 기도하셨던 방법이다. "이 잔을 내게서 치워 주옵소서. 하지만 그럴 수 없다면 당신의 뜻이 이루어지옵소서."

우리의 뜻이 아니다. 하나님께서 원하시는 일과 하셔야 할 일에 대한 우리의 판단도 중요하지 않다. 오직 하나님의 뜻만이 중요하다. 우리는 이렇게 구할 수 있어야 한다. "주님의 뜻이 이루어지옵소서. 제 마음의 갈망이 주님께서 목적으로 드러내신 일, 주님 나라의 영광을 향해 있기 때문입니다. 가끔은 저도 제 생각에 빠지곤 합니다. 그럼에도 제 삶에서 주님의 뜻이 어떻게 이루어져야 할지 누구보다 잘 아시는 주 예수 그리스도를 신뢰하기에, 오직 주님의 뜻이 이루어지길 소원합니다."

"오직 주님의 뜻이 이루어지옵소서." 그것이 참된 기도요, 성령으로 충만한 기도이며, 우리 주 예수님의 입술에서 나오는 기도이다. 예수님은 참된 기도자이시다. 그분의 성령께서 우리의 기도도 참되게 만들어 주실 것이다. 우리가 성경을 통해 성령이 우리에게 주신 모든 말씀 속에서 인도하심을 받는다면 말이다.

하나님의 성령이 우리 안에 계시기 때문에 우리는 기도한다. 그것은 우리가 정말로 예수님의 분명하고도 단순한 말씀을 믿을 수 있다는 의미이다. "너희가 내 안에 거하고 내 말이 너희 안에 거하면 무엇이든지 원하는 대로 구하라 그리하면 이루리라."

그것이 예수님이 의미하신 바이고 우리가 기도해야 하는 방법이다.

묵상 또는 나눔을 위한 질문

1. 저자는 "복음은 우리가 원하는 바를 하나님에게서 얻어 내는 행운의 부적이 아니다.…복음은 하나님께서 우리 삶에 원하시는 바를 주기 위해 역사하시는 그분의 은혜요 자비이다." 복음에 대한 이 두 가지 정의 가운데 어느 쪽이 당신이 평소 기도하는 방식에 더 부합하는가? 하나님을 자신의 목적에 맞추는 것이 복음이라고 생각하는 사람은 어떤 식의 기도를 하겠는가? 우리 각자가 하나님의 주권적인 목적에 맞추는 것이 복음이라고 생각하는 사람은 어떤 식의 기도를 하겠는가?

2. 성령은 우리가 하나님의 가족이 되게 하기 위해 일하신다. 하나님의 가족에 입양될 때, 양자 됨을 통해 우리는 어떻게 참된 기도자가 되는가? 성령이 하시는 이 일을 당신은 기도할 때 인식하고 있는가, 아니면 새롭게 인식해야 하는가? 그렇다면 또는 그렇지 않다면 그 이유는 무엇인가?

3. 저자는 이렇게 쓰고 있다. "하나님의 주권적인 부르심을 통해, 우리를 위한 성령의 주권적인 일하심을 통해, 생명을 주는 복음이 우리에게로 온다. 그리고 같은 성령을 통해 하나님께 친밀하게 반응할 때 우리는 믿음으로 그 부르심에 개인적으로 응답하게 된다. '너희가 아들이므로 하나님이 그 아들의 영을 우리 마음 가운데 보내사 아빠 아버지라 부르게 하셨느니라'"(갈 4:6). 당신이 기도하도록 돕기 위해 성령은 당신 안에서 어떻게 일하시는가? 당신이 혼자 힘으로 할 수 없는 것을 위해 기도할 때 성령은 당신을 위해 무슨 일을 하시는가? 기도할 때 성령의 도우심을 경험한 적이 있는가?

4. "기도는 우리 믿음의 주요 활동이다"라는 존 칼빈의 주장에 당신은 어떤 식으로 동의하는가 혹은 동의하지 않는가?

5. "주님의 뜻이라면…"이라고 기도하는 것이 당신에게는 쉬운 일인가 아니면 어려운 일인가? 이런 식으로 기도하지 못하게 막는 장애물은 무엇인가? 이런 식으로 기도하는 사람들에게 허락된 위로와 축복은 무엇인가?

6. 하나님의 생각을 따라 기도할 수 있기 위해 그분의 뜻을 어떻게 알 수 있는가? 그동안 기도해 온 일이 있는가? 아니면 하나님께서 그분의 뜻을 보여 주지 않으신 일에 대해 기도하고 있는가? 당신의 마음을 하나님의 마음에 맞추는 문제와 관련해 당신에게 깨달음을 줄 성경의 진리를 찾아보자.

미주

1. Derek Thomas, "Only a Prayer Meeting!," *Banner of Truth* (October 1989): 15-16.
2. Graeme Goldsworthy, *Prayer and the Knowledge of God* (Leicester, UK: Inter-Varsity, 2003). 『기도와 하나님을 아는 지식』(IVP). 이 연구에서 가져온 주요 주제들 중 일부는 이 책의 2-5장에서 그레엄 골즈워디의 통찰력에 많은 부분을 빚지고 있다. 아낌없는 도움에 감사한다. 더 깊이 연구하고 싶다면, 풍성한 자료가 가득한 그의 책을 적극 추천한다.
3. "말씀을 보면 사람들을 창조하시고 그들과 교류하시는 하나님에 대한 개념이 지배적이다." 같은 책, 21.
4. '창조의 언약'은 때때로 언약하시는 하나님과의 관계라고 불린다. 그 이유는 말씀으로 천지를 창조하신 행위 자체가 하나님과 하나님이 만드신

모든 피조물 사이에 관계를 만들기 때문이다.

5. 잘 알려지지 않은 그의 저작물 가운데 『침묵의 행성 밖에서』와 『페렐란드라』 그리고 『그 가공할 힘』(이상 홍성사)은 아직 읽지 않았다면 꼭 읽어 볼 가치가 있다. 이미 읽었더라도 다시 읽으면 좋다.

6. 특히 로마서 5장 16-19절을 보라.

7. 하나님께서 사람과 맺은 언약이 깨지는 것을 묘사한 내용을 이사야 24장 5절, 호세아 6장 7절, 8장 1절, 히브리서 9장 15절에서도 볼 수 있다.

8. 열왕기상 10장에는 솔로몬의 지혜를 추구하던 지상의 왕들이 묘사되어 있다. 그러나 11장의 슬픈 이야기가 언급하듯 그들은 이내 부패한다.

9. '영원히'는 히브리서에 나오는 위대한 단어 중 하나이다.

10. "우리의 아들 됨은 성별이 아니라 신분의 문제이다. 외양상 남자 그리스도인이 여자 그리스도인보다 하나님의 아들이라는 이미지에 더 가까울 수밖에 없다. 어느 쪽이든 그리스도 안에서 우리의 성별은 하나님과 관련된 우리의 입장에 영향을 미치지 않는다. 우리는 그리스도 안에서 모두 하나이다. 우리 모두 하나님의 아들이요, 하나님 앞에 받아들여질 만한 사람으로서 그분에게 속한 모든 것을 공유하기 때문이다." 골즈워디, *Prayer and the knowledge of God*, 43. 『기도와 하나님을 아는 지식』(IVP).

11. 나는 이 장에서 '논리적인'과 '비논리적인'이라는 용어를 사용하고 있다.

12. 하나님이 하나님 되심을 받아들이지 않는 것과 그분의 영역을 침해하는 주장이야말로 죄의 핵심이다. 창세기 3장은 이런 태도가 가져오는 필연적이고 끔찍한 영향을 그림을 그려 내듯 쉽게 설명한다.

13. 바울이 로마교회에 보낸 편지의 '북엔드'에 나오는 이 세심한 강조에 주목하라(롬 1:5, 16:26). 편지의 처음부터 끝까지 바울은 대개 '믿음'과 '불신'이라는 간단명료한 말을 쓰지만, 때때로 '순종'과 '불순종'이라는 말도 사용한다(예를 들어 10:16, 21, 11:30, 15:18).

14. 그레엄 골즈워디도 같은 이 문구를 사용한다. *Prayer and the knowledge of God*, 61. 『기도와 하나님을 아는 지식』(IVP).

15. 17세기 신학자 헨리 스쿠걸이 쓴 책 『인간의 영혼 안에 있는 하나님의 생명』(생명의말씀사)의 제목에서 가져온 문구이다.

16. 출애굽기 3장 15절은 불타는 떨기나무로 모세에게 계시된 야웨(YHWH)라는 이름에 초점을 맞춘다. 그때 하나님은 자신을 조상의 하나님이라고 정체를 밝히신다. 이는 출애굽기 33장 19절 이하에 나와 있는 바와 대조된다. 하나님은 모세에게 자신의 이름을 야웨로 선포하면서 자신의 성품이 자비롭고 은혜로우며 노하기를 더디하고 불변하는 인자와 성실이 풍성함을 드러낸다.

색인

감각 박탈 31-32
감람산 11
개인적인 기도 108
관계의 청각적인 형태
로서의 말 38
결혼 27, 32
겸손 90-91
경건함 74
구원 95-101, 106-107
그레엄 골즈워디
147-149
기도의 특권 109
기도할 자격이 없음
74-75
다시 태어남 126
마르틴 루터 14
미래불가지론 103
믿음 45-46, 69, 117,
119, 120, 123
복음 66-78, 107-109
사도들의 기도 10
사람의 속성 31
사람의 책임 95-101,
128
사람의 품위 99
성령 9, 63, 120-143
사탄 62
삼위일체 27-28
소통 31
순종 35, 45, 100
승천 9
아론의 축복 126
아브라함 44-45
안식의 쉼 34
언약 26, 30-32, 58
영원한 생명 129
예수님—예수님 안에
거함 135; 죽음과
부활 126-127; 기
도 습관 11; 예수님
의 이름으로 기도
함 119-120; 응답
함 45-48, 54-56;
시험 받으심 62; 하
나님의 참된 아들
56-65
오순절 성령강림 9,
127
외도 42
우상숭배 142
웨스트민스터 소요리
문답 12-13
은혜 13, 44
의 75
의롭다 하심 70-71
이방인의 신앙 74
입양 67-78, 83-84,
124
자유의지 98
존 칼빈 130
존 번연 15
죄 117, 127, 149
주기도문 12
지혜 90-94
창조 24-36
천국 34
초대 교회 10-11, 87
타락 57-58
파라클레토스 133

하나님—교제 13, 35-36; 영광 111; 기도를 들으심 74-77; 형상 28-31, 이름 124-126; 올바른 관계 35; 주권 83-112, 피조물에게 말씀하심 24-35, 대화 35, 40-41, 57, 뜻 140-143, 성경 말씀 135-136

회개 96-97

C. S. 루이스 54

창세기
1장 — 27, 28, 33, 34
1:1-3 — 22
1:3 — 25
1:26 — 28
1:26 — 25
1:28 — 33
2장 — 33, 34
2:15 — 33
3장 — 39
3:9 — 35
3:22-24 — 39
12:8 — 45

출애굽기
33:11 — 44

민수기
6:27 — 126

신명기
6:4 — 29

사무엘하
7:14 — 59

열왕기상
10장 — 148

시편
19:1 — 27
96:11 — 27
98편 — 28

이사야서
24:5 — 148
46:9-11 — 104
55:9 — 88

호세아
6:7 — 148
8:1 — 148

마태복음
4:17 — 96
6장 — 74
6:7 — 12
7:11 — 10
9:37-38 — 111
9:38 — 137
10:29 — 26

21:22 — 119

마가복음
1:35 — 11

누가복음
1:35 — 58
3:21-22 — 52
3:22 — 60
3:38 — 60
4:1-14 — 61
4:3 — 62
4:8 — 62
4:9 — 62
6:12 — 11
11:1 — 11
11:9-13 — 79
11:13 — 10
22:41 — 11

요한복음
1:12-13 — 126
3:5 — 126
5:25 — 97
6:37 — 129

6:40 — 129
8:44 — 69
11:41-42 — 63, 77
14-16장 — 134
14:14 — 119
14:16 — 121
14:18 — 121
14:25-26 — 121
15:5 — 9
15:7 — 119, 120
15:7-11 — 116
15:10 — 135
16:13 — 121
17장 — 63
17:5 — 30

사도행전
1:14 — 9
1:24 — 10
2:33 — 127
2:38 — 96
4장 — 108-109
4:24 — 87
4:25-28 — 82
4:27-28 — 89
4:29 — 10
5:31 — 97
6:4 — 10
9:11 — 47
12:5 — 10
13:3 — 10
13:48 — 129
17:30 — 101

로마서
1:5 — 35, 149
1:18-2:5 — 41
5:14 — 58
5:16-19 — 148
8:15-16 — 128
8:26-27 — 123
10:16 — 149
10:21 — 149
11:30 — 149
15:18 — 149
16:26 — 149

고린도전서
2:5-8 — 90
15:47 — 58

갈라디아서
3:26 — 69
3:27 — 70
4:3-7 — 68
4:6 — 69, 128

에베소서
1장 — 107
1:4-5 — 13
2:1 — 97
2:2 — 68
3장 — 107
6:17-18 — 136

빌립보서
4:6 — 107

골로새서
4:2 — 17

데살로니가전서
4:3 — 140
5:18 — 140

디모데전서
2:1-8 — 137-138

디모데후서
3:15-16 — 135

히브리서
1장 — 46
4:9 — 34
5:7 — 63
7:24 — 63
7:25 — 63
7:28 — 63
9:15 — 148
10:10-14 — 127
11:8 — 45

베드로후서
1:3 — 134
3:2 — 122

요한계시록
20:2 — 62